De plancyclus in het sociaalagogisch werk

De plancyclus in het sociaalagogisch werk

Britt Fontaine
Tweede druk

Houten 2010

© 2010 Bohn Stafleu van Loghum, onderdeel van Springer Media
Alle rechten voorbehouden. Niets uit deze uitgave mag worden verveelvoudigd, opgeslagen in een geautomatiseerd gegevensbestand, of openbaar gemaakt, in enige vorm of op enige wijze, hetzij elektronisch, mechanisch, door fotokopieën of opnamen, hetzij op enige andere manier, zonder voorafgaande schriftelijke toestemming van de uitgever.

Voor zover het maken van kopieën uit deze uitgave is toegestaan op grond van artikel 16b Auteurswet j° het Besluit van 20 juni 1974, Stb. 351, zoals gewijzigd bij het Besluit van 23 augustus 1985, Stb. 471 en artikel 17 Auteurswet, dient men de daarvoor wettelijk verschuldigde vergoedingen te voldoen aan de Stichting Reprorecht (Postbus 3051, 2130 KB Hoofddorp). Voor het overnemen van (een) gedeelte(n) uit deze uitgave in bloemlezingen, readers en andere compilatiewerken (artikel 16 Auteurswet) dient men zich tot de uitgever te wenden.

Samensteller(s) en uitgever zijn zich volledig bewust van hun taak een betrouwbare uitgave te verzorgen. Niettemin kunnen zij geen aansprakelijkheid aanvaarden voor drukfouten en andere onjuistheden die eventueel in deze uitgave voorkomen.

ISBN 978 90 313 7775 6
NUR 752

Ontwerp omslag: Studio Bassa, Culemborg
Ontwerp binnenwerk: Studio Bassa, Culemborg
Automatische opmaak: Crest Premedia Solutions (P) Ltd, Pune, India

Eerste druk, eerste oplage 2005
Tweede druk, eerste oplage 2010

Bohn Stafleu van Loghum
Het Spoor 2
Postbus 246
3990 GA Houten

www.bsl.nl

Inhoud

	Voorwoord bij de eerste druk	7
	Voorwoord bij de tweede, herziene druk	8
1	**De plancyclus als model**	11
	De plancyclus	17
	De fasen van de plancyclus	18
	Alledaagse diagnostiek	20
	De plancyclus als denkmodel	22
	De opzet van dit boek	23
2	**Zorggeschiedenis**	27
	Cultuurverschil: ontwikkeling of rijping?	28
	Een maatschappelijk debat over zorg	30
	Een dorp in Spanje	30
	Leeglopers en wezen	33
	Zorg in Nederland	34
	Van mortificatie naar burgerschap	40
	Totale instituties	41
	One flew over the cuckoo's nest	44
	Dennendal en verder	45
	Jolanda Venema	47
3	**Tussen aanbod en vraag**	51
	Van medisch model naar biopsychosociaal model	51
	Is het aanbod vraaggericht?	54
	De terugtredende ...	57
	... en controlerende overheid	59
	Planmatig werken	60
4	**Oriënteren**	63
	Signaleren	63
	De eigen indruk van de hulpverlener	65
	De context van de instelling	66
	Problematiseren	68
	De probleemdefinitie	72
5	**Het stellen van hypothesen**	75
	Het begin van de analyse	82
	Het medisch-biologische niveau	83
	Het individueel-psychologische niveau	85

	Het sociale niveau	86
	Het formuleren van hypothesen	87
6	**Het observatieplan**	**91**
	Psychodiagnostisch en medisch onderzoek	91
	Het gesprek of het interview	92
	Observatie	94
	Observatiedoelen -vragen	95
	Observatieplan	99
	Praktijkvoorbeeld: diagnostisch observatieverslag	99
7	**Observatiemethoden**	**109**
	Participerende observatie	109
	Time sampling	112
	Behaviour sampling	113
	Het abc-schema	114
	Betrouwbaarheid en geldigheid	116
	Van betrouwbaarheid naar geldigheid	117
	Van ordening naar conclusie	119
8	**Planning, uitvoering en evaluatie**	**123**
	Moet er wel iets veranderen?	123
	Het stellen van handelingsdoelen	124
	Doelcriteria	125
	Analyse van de haalbaarheid	126
	Bevorderende en belemmerende factoren	126
	Belemmerende factoren worden subdoelen	128
	Praktijkvoorbeeld: een handelingsplan	128
	Een werkplan maken	133
	Praktijkvoorbeeld: uitvoering en evaluatie	133
	Evaluatie	137
	Methodiek en methoden	138
	Gedeelde en ongedeelde kennis	138
	Een definitie	139
	Wetenschappelijk onderzoek	139
9	**Verantwoorden, legitimeren en reflecteren**	**143**
	Economische teruggang	143
	Ongedeelde kennis	144
	Nogmaals: de controlerende overheid	145
	Wat is goede zorg?	146
	De verantwoording van goede zorg	146
	'Zo, we zijn weer lekker schoon!'	147
	'Dat kunt u toch best zelf!'	147
	'Dan was je je toch niet?'	148
	'Wat wil je vandaag doen?'	148
	Vooruitblik	149
	Literatuurlijst	**151**
	Register	**153**

Voorwoord bij de eerste druk

Dit boekje gaat over de Plancyclus, de basismethodiek in het sociaal-agogisch werk. Bij het schrijven ervan heb ik geput uit mijn onderwijservaring van de afgelopen jaren, vooral met studenten in de deeltijd en de duale opleiding SPH. De ervaringen van studenten hebben mij doen beseffen dat 'de zorg' in Nederland wordt bevolkt door mensen met een groot hart voor 'hun' cliënten. Studenten zijn gemotiveerd en geïnspireerd om de kwaliteit van de zorg te verbeteren. Soms worden ze daar in het licht van de huidige maatschappelijke ontwikkelingen moedeloos van. Ik hoop dat ik ze met dit boekje een instrument in handen geef om kritisch naar hun eigen handelen te kijken én om hun handelen, samen met de cliënten, te sturen. Hun enthousiasme en hun betrokkenheid hebben mij geïnspireerd om mijn ervaring met en gedachten over de plancyclus op papier te zetten. Ik ben alle studenten dankbaar voor deze inspiratie en voor het delen van hun praktijkervaringen, zowel de goede als de slechte, met elkaar en met mij.

Een aantal studenten ben ik extra dank verschuldigd. In dit boekje heb ik uitgebreide praktijkvoorbeelden opgenomen. Deze zijn allen afkomstig van studenten, die zo vriendelijk waren om hun verslagen aan mij af te staan om ze hier op te nemen. Anderen hebben de moeite genomen om uitgebreid met me te praten. Ook hebben enkele studenten een eerdere versie van dit boekje kritisch onder de loep genomen. Dat ze daar in hun drukke leven, waarin ze studie, werk en soms een gezin moeten combineren, de tijd voor gevonden hebben, waardeer ik bijzonder.

Britt Fontaine

Voorwoord bij de tweede, herziene druk

Voor deze nieuwe druk heb ik de gelegenheid aangegrepen om het boek in zijn geheel te herzien. De plancyclus zelf verandert niet zoveel in vijf jaar tijd, maar door de ervaringen met het boek in het onderwijs zag ik waar extra uitleg nuttig zou zijn of welke toevoegingen een verrijking van het model zouden kunnen betekenen.

Ik heb casusmateriaal aangepast en nieuwe voorbeelden toegevoegd, onder andere uit de zorg voor mensen met dementie, een veld waarin ik me de afgelopen jaren als lid van de kenniskring van het Lectoraat Psychogeriatrie én als naast familielid van enkele patiënten met dementie ben gaan verdiepen en dat meer aandacht verdient dan het krijgt.

In de hoofdstukken die handelen over de maatschappelijke context heb ik geprobeerd de ontwikkelingen van de laatste vijf jaar te schetsen. Het boek sluit aan bij het nieuwe opleidingsprofiel SPH, zoals verwoord in *De creatieve professional - met afstand het meest nabij*. Hoewel de nadruk in dit boek ligt op segment 1, hulp verlenen aan en ten behoeve van cliënten, krijgen ook segment 2, werken in en namens een organisatie, en vooral segment 3, professionalisering, de nodige nadruk.

Van de voorbeelden, vragen en praktijkervaringen die studenten inbrachten in de lessen heb ik wederom dankbaar gebruik gemaakt. Ik ben velen van hen erkentelijk voor de gastvrijheid waarmee ze me op hun werkplek hebben ontvangen en aan de cliënten hebben voorgesteld.

Net als bij de eerste druk hebben verschillende collega's en vrienden aan deze herziening bijgedragen met advies, correcties, aanvullingen en commentaar. Ik kan ze niet allemaal bij naam noemen, maar ik wil hier aan hen allen mijn dank en waardering uitspreken. Eén persoon wil ik met naam bedanken, namelijk mijn collega Marthy Langendonk, die al tien jaar lang mijn trouwe 'sister in arms' is waar het de plancyclus en dit boek betreft.

Britt Fontaine

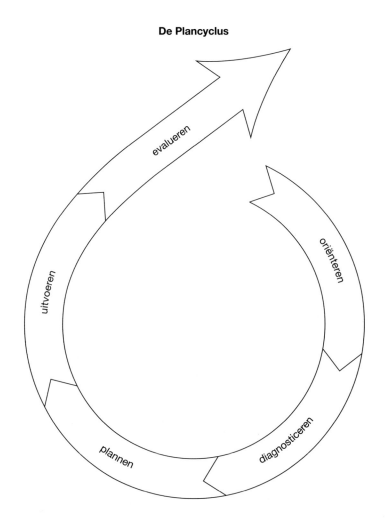

1 De plancyclus als model

Als sociaalpedagogisch hulpverlener (SPH'er) heb je te maken met mensen met problemen. Die problemen kunnen van korte of lange duur zijn; soms zijn ze tamelijk eenvoudig en soms zijn ze complex. Het is mogelijk dat de problemen het leven van de cliënt en zijn omgeving zo sterk ontregelen, dat je zaken tijdelijk van de cliënt moet overnemen, maar ook komt het voor dat je ondersteuning biedt aan mensen die, al dan niet zelfstandig, leren leven met de problemen waarvoor hun beperking ze stelt. Soms zullen mensen het leven na verloop van tijd weer zonder hulpverlening aankunnen. Er zijn situaties waarin je weinig vooruitgang mag verwachten of zelfs rekening moet houden met geleidelijke achteruitgang. Hoe de problemen zich ook voordoen: jij gaat samen met de cliënt en diens omgeving op zoek naar een oplossing of aanpak voor de problemen om 'mensen volwaardig en menswaardig te laten functioneren in hun primaire leefsituatie en sociale omgeving'.[1] In deze inleiding kijken we hoe dat proces in grote lijnen verloopt. Dat doen we eerst aan de hand van de casus van Roos, een jonge vrouw die in de verslavingszorg terechtkomt. Daarna bekijken we het geheel van de plancyclus, het werk- en denkmodel waar het in dit boek over gaat.

werk- en denkmodel

> **Met Roos gaat alles goed**
> Roos, een vrouw van 23 jaar, is opgenomen in een verslavingskliniek. Na een verblijf van veertien maanden is ze bijna aan het eind van haar behandeling. Roos en de behandelaars zijn redelijk optimistisch over haar kansen na ontslag. De kliniek wil mensen definitief van hun verslaving afhelpen door hen inzicht te laten krijgen in de redenen waarom ze alcohol of andere drugs zijn gaan gebruiken en door ze andere oplossingen te le-

---

[1] Citaat afkomstig uit Landelijk Opleidingsoverleg SPH (2009), waarin de missie van SPH wordt uiteengezet.

ren vinden voor hun problemen. Het leven en werken in de bewonersgroep is daarbij belangrijk.

Achtergrond en voorgeschiedenis
Roos is de oudste dochter uit een gezin van twee kinderen. Vader is verbonden aan een Nederlandse universiteit en heeft daarnaast veelvuldig gastdocentschappen aan Amerikaanse universiteiten. Hij verblijft daardoor regelmatig voor een langere periode in Amerika. Moeder is huisvrouw. Roos heeft een broertje dat zes jaar jonger is dan zij. In het gezin zijn geen problemen, alles gaat goed.

Roos begon met drinken toen ze een jaar of 13 was. Zoals zoveel jongeren deed ze mee als vrienden een biertje dronken. Later kwamen daar softdrugs en cocaïne bij. Het ging geleidelijk. Bij het uitgaan met vrienden ging ze steeds meer biertjes drinken. Geleidelijk stapte ze over op sterke drank. Aanvankelijk had niemand in de gaten dat Roos een alcoholprobleem ontwikkelde, Roos zelf ook niet. Ze kon het voor iedereen goed camoufleren. Ze maakte de middelbare school af en begon aan een vervolgopleiding. Tijdens haar eerste stage werd ze weggestuurd wegens alcoholgebruik; afgezien daarvan functioneerde ze prima. Er waren wel **signalen**. Haar ouders vonden haar geregeld dronken op de keukenvloer. Op de opleiding ontstonden problemen door het alcoholgebruik.

Toen Roos 17 jaar was, wilde ze niet met het gezin mee op zomervakantie. Ze vond zichzelf daarvoor te oud. De ouders vonden dat prima en het gezin vertrok zonder haar. Eenmaal op de plaats van bestemming kregen ze bericht van de plaatselijke politie. Roos zat laveloos op het bureau. Het gezin brak de vakantie af ter wille van Roos.

Dit soort incidenten neemt toe. Als ze 18 jaar is, gaat ze geregeld met jongens op stap en drinkt zich een stuk in de kraag. Na zo'n avond wordt ze door de politie halfontkleed en bewusteloos midden op straat aangetroffen. Vader verblijft op dat moment in het buitenland en komt met het eerste vliegtuig terug. Roos laat zich onder druk van haar ouders opnemen op een ziekenhuisafdeling voor jongeren met verslavingsproblematiek.

Behandeling en begeleiding
Roos vindt dat ze geen alcoholprobleem heeft; het gaat om cocaïne. Er wordt op de afdeling gewerkt met **groepsbehandeling**. De jongeren leren van elkaar en confronteren elkaar met hun

gedrag. Roos doet het prima en krijgt na een succesvolle behandeling een eigen huisje. Achteraf zegt ze: 'Ik heb dat gespeeld voor mijn coach, af en toe wat gegeven, maar nooit echt gezegd waar het om ging. Ik heb altijd een trukendoos gehad.' Vader neemt vrij om Roos te helpen haar eigen huisje op te knappen. Samen maken ze er iets moois van. Als het klaar is, vertrekt vader en Roos haalt bij de slijter een fles drank. Binnen de kortste keren is het huisje veranderd in een vuilnisbelt.

trukendoos

Roos zit nog in het nazorgtraject van de verslavingskliniek. Daardoor komt deze terugval vrij snel in beeld van de hulpverleners. 'Wat nu?', vragen de hulpverleners zich af. 'Het lijkt steeds zo prima te gaan en toch gaat het mis. Zou er toch meer aan de hand zijn?' Nog een opname op dezelfde afdeling lijkt geen goed idee. Roos heeft bij de vorige opname duidelijk niet het achterste van haar tong laten zien; ze weet hoe ze door de mazen van de behandeling heen kan zwemmen. Voor de groepsbehandeling is ze te *'streetwise'*: de groep is niet tegen haar opgewassen. De psycholoog die haar onderzoekt, begrijpt niet hoe het mogelijk is dat iemand die, zo te zien, alle mogelijkheden in zich heeft, zo destructief met zichzelf kan omgaan. Hoe kunnen we haar helpen? Dat is de grote vraag van de hulpverleners.

Roos wordt opgenomen op een afdeling voor volwassenen, waar ze een zwaarder traject ingaat. Ze moet hier leren op een andere manier met haar problemen om te gaan. Ook hier is groepsbehandeling de belangrijkste methode, maar daarnaast is er de mogelijkheid om individuele afspraken te maken. De nadruk ligt op zelfhulp, en op de eigen verantwoordelijkheid van de cliënt en de behandelgroep. Hier gaat het eerst weer prima met Roos. In individuele gesprekken vragen de behandelaars naar de thuissituatie en naar de band tussen Roos en haar vader. Er zijn volgens Roos geen problemen: alles gaat goed en 'we houden van elkaar'.

individuele gesprekken

In de behandelgroep neemt ze al snel een leidersrol op zich. De meerderheid van de cliënten bestaat uit mannen, die zich deze leiding graag laten aanleunen. De behandelaars besluiten de druk op Roos op te voeren om zicht te krijgen op wat ze wél kan en wat niet. Zo moet ze voor andere cliënten een seminar geven over een onderwerp waar ze veel van weet. De dag dat ze dat zal doen, is ze ziek. Toch gaat het verder heel goed met Roos. Daarom besluiten vader en moeder dat ze eindelijk rustig op vakantie kunnen gaan. Roos breekt van de ene op de andere dag de behandeling af en vertrekt.

Aanvankelijk gaat het, je raadt het al, goed met Roos. Ze vindt snel een kamer en een baantje. De hulpverleners komen haar wel eens tegen en ze ziet er goed uit. Na verloop van tijd blijkt ze bij een oudere man in huis te wonen die een zware alcoholist is. Ze vindt een baantje in een café. De baas van het café is heel tevreden over haar: het is een goede kracht, leuke meid, altijd op tijd, betrouwbaar en drinkt niet. Dat laatste doet ze pas na werktijd, alleen op haar kamer. Per nacht drinkt ze een fles wodka. Dat dubbelleven eist uiteindelijk zijn tol. Ze gaat er heel slecht uitzien en het lijkt of ze een beginnend Korsakow-syndroom heeft. Dingen die net zijn verteld, is ze meteen vergeten. Het vriendje dat ze op dat moment heeft, schakelt de hulpverleners van de laatste behandeling in. Het gaat niet goed met Roos.

een patroon

Bij de behandelaars wordt langzamerhand een patroon duidelijk. Zodra er eisen aan Roos worden gesteld en Roos haar eigen verantwoordelijkheid moet nemen, gaat ze drinken en maakt ze er zo'n enorme puinhoop van dat ze gered moet worden, het liefst door papa. Vader komt als eerste aanrennen, maar ook het vriendje en de behandelaars nemen die rol op zich. Ze wordt weer opgenomen op de afdeling waar ze de behandeling heeft afgebroken. Voor die tijd verblijft ze drie weken op de ontwenningsafdeling, waar ze eerst clean moet worden. Als ze clean en wel op de afdeling terugkomt, is ze opstandig. Ze blijft wel. Ze erkent voor het eerst dat ze een alcoholprobleem heeft en ziet in dat ze echt moet stoppen met drank. Dat betekent voor haar een moeilijk verlies.

De behandelaars voeren de druk om toch over de thuissituatie te praten steeds meer op. Op de respons van Roos dat thuis altijd alles goed is gegaan, antwoorden de behandelaars simpelweg dat ze haar niet geloven en vragen door. Op een gegeven moment begint Roos wel te praten en vertelt dat er tussen haar ouders grote conflicten zijn geweest met slaande ruzie en enorme driftbuien. Ze gaat inzien dat ze een vreemde relatie met haar vader heeft. Ze is eenzaam en heeft een enorme behoefte aan intimiteit, maar kan dat niet onder woorden brengen. Ze zegt: 'Ik héb wel het gevoel van mijn vader en ik tegen de rest, maar die relatie is gebouwd op ellende. Het enige contact dat ik met hem heb, is als ik me misdraag en het niet goed met me gaat.' De moeder van Roos blijft in het verhaal wat op de achtergrond.

verslaving levert aandacht op

Voor Roos is de verslaving een middel geworden om de aandacht te krijgen die ze wilde. Ze is een klein meisje gebleven dat gered wil worden. Het wordt tijd dat Roos zichzelf gaat leren redden.

Een ontwikkeling
De behandelaars besluiten samen met Roos om niet verder te zoeken naar de oorzaken van de verslaving. Meestal wordt de omgeving van een cliënt begeleid door een gezinstherapeut. De ouders van Roos hebben daar geen behoefte aan ('Alles gaat toch goed!'). Roos neemt zelf het initiatief om haar ouders wat meer op afstand te houden. De vraag wordt hoe Roos kan accepteren dat ze niet meer kan drinken en wat ervoor in de plaats kan komen. Het gaat erom hoe Roos verder gaat met de inzichten die ze nu heeft. Ze gaat oefenen om dingen die ze niet prettig vindt onder woorden te brengen.
Roos heeft in die tijd een vriendje en de behandelaars vinden het geen goede relatie voor Roos. In hun ogen heeft Roos in de eerste plaats behoefte aan warmte en intimiteit en gebruikt ze seksualiteit om dat te krijgen. In een vergadering besluiten ze hierover niet met Roos in gesprek te gaan; ze respecteren haar beslissing deze relatie te hebben. Ze vermoeden dat Roos anders alleen maar in verzet zal gaan en zich zal bezighouden met vechten tegen de behandelaars. Ze bespreken met Roos de manier waarop ze haar in de gelegenheid kunnen stellen deze relatie te hebben. De vriend is vrij om langs te komen en te blijven slapen. Snel ontdekt Roos dat ze deze relatie eigenlijk niet wil. 'Het is helemaal geen relatie, we misbruiken elkaar', zegt ze. Ze maakt het uit.
De bewonersgroep in deze kliniek draagt veel verantwoordelijkheid en regelt de meeste dingen zelf. Met Roos wordt besproken of ze bewonerscoördinator wil worden, de hoogste positie in de hiërarchie van de bewonersgroep. Het is een pittige en verantwoordelijke klus. Roos wil dat wel en in het begin vindt ze het geweldig. Iedereen doet wat ze zegt. De begeleiding voert de druk op Roos op. Er worden eisen aan haar gesteld en ze krijgt een paar impopulaire beslissingen te nemen. Ze wil ermee stoppen. 'Dat is goed', zeggen de behandelaars. 'Als je de verantwoording niet aankunt, moet je het nog niet doen.' Dan besluit ze er toch een poosje mee door te gaan. Ze doet het net zolang tot ze het gevoel heeft dat ze het goed heeft gedaan.
Roos is nu veertien maanden clean; ze is bijna klaar om met ondersteuning zelfstandig te gaan wonen. Het is niet zeker of het lukt. In het verleden is het altijd misgegaan. Toch is er nu iets

> veranderd. Zo zegt ze het zelf: 'Ik heb in ieder geval geleerd dat ik niet moet zeggen dat het goed gaat. Altijd als ik dat zei, wist ik dat ik een uur later op mijn kamer zou zitten met een fles drank. Als ik het zeg, moeten er alarmbellen gaan rinkelen. Het is wel lastig om te zeggen dat het niet goed gaat, want dan gaan mensen allemaal moeilijke vragen aan me stellen. Maar ik heb wel geleerd om het te zeggen: het gaat niet goed met me.'

oplossingen zoeken samen met anderen

Zoals uit het verhaal van Roos blijkt, doorloop je de zoektocht naar de achtergronden van problemen en de mogelijke oplossingen niet alleen samen met de cliënt, maar ook in samenwerking met collega's en andere professionele werkers. Sommige SPH'ers werken ambulant. Dat betekent dat zij meestal hun werk individueel uitvoeren. Maar ook dan zal er sprake zijn van overleg. De meeste SPH'ers werken samen in een team van verzorgenden, hulpverleners, maatschappelijk werkers en verpleegkundigen. Daarnaast werk je samen met artsen en psychiaters en met gedragsdeskundigen zoals psychologen en (ortho)pedagogen. Elke beroepsgroep heeft een eigen deskundigheid, eigen bevoegdheden en een eigen manier van kijken. Artsen, psychiaters en verpleegkundigen kijken vooral naar de medische kant. Psychiaters richten zich daarnaast, net als psychologen, vooral op het psychisch functioneren van mensen. Pedagogen hebben opvoeding, de ontwikkeling van kinderen en de relatie tussen ouders en kinderen als invalshoek. Orthopedagogen richten zich daar ook op, maar houden zich bezig met specifieke problemen als gevolg van stoornissen en handicaps.

SPH'er is generalist

Tijdens de opleiding SPH krijg je van alles een beetje mee, maar je wordt op geen enkel terrein specialist. De SPH'er wordt opgeleid als generalist. Wat heb jij als SPH'er nu vooral te bieden? Twee belangrijke dingen: je ondersteunt niet alleen de cliënt, maar je betrekt diens omgeving erbij. Dat kan de thuissituatie zijn of de (gedeeltelijk) vervangende leefomgeving zoals een instelling. Als je met de cliënt oplossingen gaat bedenken, zul je de mogelijkheden en beperkingen van die context erbij betrekken. In het geval van Roos was het niet mogelijk de ouders bij de behandeling te betrekken. Het is dan de taak van de hulpverleners om te onderzoeken hoe Roos zonder die ondersteuning haar problemen kan aanpakken. Ten tweede ben je als hulpverlener vaak aanwezig of betrokken bij de primaire leefsituatie, het dagelijkse leven van de cliënt, al zal dat sterk afhangen van het soort werk. Als persoonlijk begeleider in een beschermde woonvorm voor mensen met een verstandelijke beperking maak je meer van de cliënt mee dan wanneer je ambulant werkt in de jeugdhulpverlening. Hoe je ook werkt, je kunt altijd het gedrag van de cliënt in de context bekijken. Daardoor weet je veel van hem of haar en kun je de ogen of oren van andere hulpverleners zijn. Dat geeft je een unieke positie, die je zorgvuldig moet gebruiken. Je handelen heeft altijd een ethische en normatieve kant. Sommige cliënten zijn mondig en kunnen goed voor hun eigen belangen opkomen. Voor anderen is dat moeilijker. Jij helpt hen hun verlangens en wensen kenbaar te maken. Jij bespreekt plannen en oplossingen op zo'n manier met de cliënten dat ze de regie over hun eigen leven kunnen terugkrijgen of zoveel mogelijk kunnen behouden.

gedrag in context plaatsen

De plancyclus

Nu heb ik het wel over antwoorden op vragen en oplossingen voor problemen, maar hoe kom je daar eigenlijk toe? Oplossen is handelen. Als een aanpak of oplossing niet of maar gedeeltelijk werkt, luidt mogelijk de verzuchting: 'We hebben alles al geprobeerd, maar niks helpt' en 'De cliënt moet maar worden overgeplaatst'. Dan is er ongetwijfeld van alles geprobeerd, maar waarschijnlijk heeft men nog niet goed gekeken waar het probleem nu eigenlijk zit. De casus van Roos laat zien hoe moeilijk het kan zijn om te achterhalen hoe een probleem in elkaar zit.

Het omgekeerde komt ook voor: er is sprake van probleemgedrag, het is geobserveerd en onderzocht, het team weet waar het hem in zit, in teamvergaderingen is besloten tot een bepaalde aanpak en vervolgens gebeurt er niets. In dat geval is de kans groot dat er wel is bedacht wat er aan de hand is, met andere woorden dat er een diagnose is gesteld, maar dat er geen concrete planning is gemaakt. Een diagnose zonder planning is als een auto zonder benzine: er komt geen beweging op gang.

Dit boek gaat over alle stappen die je moet zetten om tot zorgvuldig en effectief handelen te komen. In de hulpverlening is handelen het belangrijkste dat je doet, maar het is ook het laatste: er gaat een denk- en onderzoeksproces aan vooraf. Dat proces is een onlosmakelijk onderdeel van methodisch hulpverlenen. Ik zeg nu wel dat handelen eigenlijk het laatste is dat je doet in de hulpverlening.

onderzoeksproces

In termen van het denkmodel dat hier zal worden beschreven, is dat zeker waar, maar in de werkelijkheid is dat natuurlijk helemaal niet waar. Vaak moet je als hulpverlener in een seconde beslissingen nemen over je handelen. Dan is het goed om met behulp van het denkmodel te analyseren waar dat handelen op berust en om te kijken of nader onderzoek nodig is.

de term 'plancyclus'

Theorieën, opleidingen en werksoorten kunnen verschillende termen voor ditzelfde denkproces gebruiken, bijvoorbeeld de diagnostische cyclus, de methodische cyclus, de regulatieve cyclus, de schijf van vijf of de plancyclus. In dit boek gebruik ik de term 'plancyclus'. Ik heb daar geen andere reden voor dan dat ik aan die term het meest gewend ben.

DE FASEN VAN DE PLANCYCLUS

De plancyclus bestaat uit verschillende fasen. Het aantal fasen en de benamingen hiervan lijken wel wat aan de mode onderhevig. Er zijn vier, vijf of zes fasen en een bekend model van probleemoplossen heet 'de zevensprong'. Toch komt dit allemaal ongeveer op hetzelfde neer; en zolang het een denkmodel is dat werkt, geeft dat niet. Het gaat meer om het opeenvolgen van de verschillende fasen en de manier waarop die fasen op elkaar zijn afgestemd dan om de precieze etiketten. Ik kies voor een model met vijf stappen: oriënteren, onderzoeken (ofwel diagnosticeren), plannen, uitvoeren en evalueren. Ik volg hierbij gedeeltelijk De Roos, die in zijn boek *Diagnostiek en planning in de hulpverlening* (2008) de eerste vier fasen onderscheidt. De stap die ik als vijfde noem, de evaluatie, ziet hij niet als aparte fase. Hij heeft daar een goede reden voor. Hij vindt dat je bij het doorlopen van de cyclus in elke fase moet evalueren. Ik deel die mening, maar in de praktijk krijgt het evalueren niet de aandacht die het verdient en daarom maak ik er wel een aparte fase van. Ik vind evalueren niet alleen van belang voor de cliënt om wie het gaat, maar ook voor de professionalisering van het beroep. Daar kom ik in het laatste hoofdstuk op terug.

belang van evalueren

Hierna bespreek ik kort de inhoud van de verschillende fasen van de plancyclus. In de loop van dit boek ga ik dieper op elke fase in. Ik richt me in dit overzicht tot de hulpverlener. De hele cyclus doorloop je echter in samenspraak met de cliënt.

De plancyclus

1. Wat is het probleem?
Je begint met *oriënteren*, de fase waarin je goed kijkt naar het probleem of het probleemgedrag en de context waarin dat plaatsvindt. In deze fase ben je voornamelijk aan het 'problematiseren'. Dat wil zeggen dat je vragen stelt om het probleem en de achtergronden ervan in kaart te brengen. Met andere woorden: je maakt een probleemanalyse. Ten slotte formuleer je een heldere probleemdefinitie, die de basis vormt van de volgende fase.

oriënteren

2. Wat is de oorzaak van het probleem?
Door observaties en gesprekken ga je *onderzoeken*. De gegevens die je hieruit krijgt, moet je ordenen, beschrijven, analyseren en interpreteren, zodat je uiteindelijk tot een *conclusie* of *diagnose* komt.

onderzoeken

3. Hoe gaan we het oplossen?
Die diagnose of conclusie vormt de basis voor je *planning*. Hierin stel je zo precies mogelijk vast welk doel of welke doelen je wilt bereiken, wanneer je dat bereikt wilt hebben en op welke manier je dat het beste kunt doen. Ook maak je een concreet werkplan.

plannen

4. Aan de slag
Aan de hand van dit werkplan ga je aan de *uitvoering* beginnen. Terwijl je dat doet, blijf je observeren: je let zowel op de effecten als op de manier waarop de resultaten wel of niet worden bereikt.

uitvoeren

5. Wat hebben we bereikt en hoe hebben we het bereikt?
Als laatste komt de *evaluatie*: je kijkt of het doel geheel of gedeeltelijk is bereikt en je kijkt waar succes of falen aan is toe te schrijven. In deze fase ontdek je je eigen mogelijkheden en beperkingen als hulpverlener en de mogelijkheden en beperkingen van de hulpverleningsinstelling.

evalueren

Het denkmodel is simpel en geordend. De werkelijkheid is ingewikkeld en ongeordend en loopt lang niet altijd keurig van fase 1 naar fase 5. Toen Roos haar eerste behandeling succesvol afrondde, dacht iedereen dat fase 5 was bereikt. Niets was minder waar: ze moest in feite nog beginnen. In elke nieuwe cyclus kregen Roos en haar behandelaars wel steeds preciezer inzicht in de manier waarop de problemen in elkaar zaten. Dat inzicht leverde ook handvatten op waarmee Roos zichzelf daadwerkelijk kon gaan helpen.

Het denkmodel kan je helpen om de complexe problematiek van de cliënt beter in kaart te brengen en om plannen te maken die werken. En werken ze toch niet? Dan ga je opnieuw de cyclus in met de kennis die je inmiddels hebt verworven.

ALLEDAAGSE DIAGNOSTIEK

Hiervoor is al een paar keer het woord 'diagnose' gevallen. Deze term kan verwarring wekken. Er is bijvoorbeeld sprake van medische, psychologische, pedagogische of onderwijskundige diagnostiek. Verschillende beroepsgroepen hebben hun eigen traditie en eigen vorm van diagnostiek.

We kennen allemaal het woord 'diagnose' als term die een huisarts of psychiater gebruikt. Een SPH'er heeft kennis noch bevoegdheid om medische, psychiatrische of psychologische diagnoses te stellen. Diagnosticeren betekent dan: vaststellen welk ziektebeeld of welke stoornis van toepassing is. We hebben het dan over de zogenaamde classificerende diagnostiek.[2] Classificatie betekent dat men cliënten indeelt in een categorie, een groep, bijvoorbeeld een ziektebeeld, stoornis of afwijking. Dat doet men door het probleemgedrag op een gestandaardiseerde manier met vaste instrumenten te beschrijven. Deze instrumenten zijn ontwikkeld op basis van wetenschappelijk onderzoek en zijn zo ontwikkeld dat ze betrouwbaar en valide zijn. Een veelgebruikt instrument is de DSM IV, de 'Diagnostic Statistical Manual of Mental Disorders, 4th edition'.[3] Het is een wereldwijd gebruikt classificatiesysteem van psychische stoornissen. In dit classificatiesysteem worden bijvoorbeeld de criteria beschreven waarmee kan worden vastgesteld of er bij jeugdigen sprake is van verslaving. Om dat vast te stellen, zijn er elf criteria opgesteld. Bij aanwezigheid van vijf of meer van die criteria is er sprake van afhankelijkheid van alcohol en/of drugs. Als we deze criteria toepassen op Roos uit de casus, zien we het volgende: ze kan veel drank verdragen,

classificatie

---

2 Voor een uitgebreide bespreking van de begrippen 'diagnostiek' en 'classificatie' verwijs ik naar Rigter (2002), waarin voorbeelden worden gegeven van diverse diagnostische instrumenten.
3 De DSM IV zal in 2013 worden vervangen door de DSM V. Het is mogelijk om de voortgang van dit werk te volgen op www.dsm5.org.

heeft onthoudingsverschijnselen als ze niet drinkt, haar leven draait op het laatst om de drank en het volhouden van het dubbelleven, ze gaat door met drinken ondanks het feit dat haar gezondheid eronder lijdt en ondanks het feit dat het ernstige verstoringen geeft in haar relaties met anderen. Mede op basis hiervan wordt Roos opgenomen in de verslavingskliniek.

Binnen de psychologie en de hulpverlening wordt de term diagnostiek op een andere manier gebruikt. Rispens (Rispens Carlier & Schoorl, 1990) schrijft over het diagnostisch proces in de jeugdhulpverlening dat diagnostiek de functie heeft het gedrag meer in detail te beschrijven en onderzoeken, de sterke en zwakke kanten van een kind te onderzoeken en de mogelijke steun die de omgeving biedt: 'Diagnostiek in engere zin betekent een veel verder doordringen in en beschrijven van het individuele geval.' Volgens de psycholoog Rigter (2002), die schrijft over psychische stoornissen die kunnen voorkomen bij kinderen en jeugdigen, is diagnostiek méér dan het beschrijven van wat de hulpverlener waarneemt. De diagnose is een aanzet tot het verklaren en begrijpen van datgene wat is waargenomen. De psycholoog Kars (1995) schrijft over de manier waarop onderzoek kan worden gedaan naar de oorzaak van ernstig probleemgedrag bij mensen met een verstandelijke beperking. Hij noemt een diagnose een 'inzichtgevende verklaring voor probleemgedrag'.

inzichtgevende verklaring

In deze zin gebruik ik de term in dit boek. Het gaat om het diepgaand beschrijven van een probleem of van probleemgedrag, het plaatsen van dit gedrag in een breder perspectief van de mogelijkheden en beperkingen van degene die de problemen ondervindt en het vinden van een verklaring voor het probleem. Deze vorm van diagnostiek kan betrekking hebben op het hulpverleningsproces op de lange termijn. De grote vraag bij de opname van Roos was: hoe kunnen wij haar helpen niet meer verslaafd te zijn? Het diagnostische proces dat Roos met haar behandelaars doorliep, was gericht op genezing en herstel. Daarbij ging het dus om een langetermijnproces. Binnen dat proces werd regelmatig in dagelijkse situaties de plancyclus doorlopen, bijvoorbeeld om antwoord te krijgen op concrete vragen als: hoe gedraagt Roos zich als ze zelf verantwoordelijkheid moet nemen?

DE PLANCYCLUS ALS DENKMODEL

Met de plancyclus heb je een basismodel in handen waarmee je het hulpverleningsproces richting kunt geven. De plancyclus is een denkmodel dat is gebaseerd op de manier waarop de menselijke geest werkt. In die zin is de plancyclus *een model van de werkelijkheid*. Het *beschrijft* wat mensen van nature doen als ze een probleem tegenkomen: ze zijn geneigd eerst te kijken wat er aan de hand is, dan de oorzaak te onderzoeken en ten slotte een oplossing te bedenken en die uit te voeren. Maar hoe natuurlijk probleemaanpak ook mag zijn, de verschillende fasen worden niet altijd even ordelijk doorlopen. Sommige mensen steken veel energie in het onderzoeken van een situatie en komen maar moeilijk tot handelen, anderen gaan het liefst meteen aan de slag en 'zien wel waar het schip strandt'. Het is goed om als hulpverlener inzicht te hebben in de eigen sterke en zwakke kanten ten aanzien van de plancyclus. Reflectie op de eigen leerstijl is hierbij nuttig. Op deze manier werk je aan je eigen professionalisering als werker. Voor teams als geheel geldt hetzelfde. Teams die geheel bestaan uit 'doeners', geen uitzondering in de residentiële hulpverlening, hebben collectief de neiging de diagnostische fase over te slaan. Het is belangrijk je daarvan bewust te zijn.

model van de werkelijkheid

Het denkmodel geeft handvatten om te analyseren hoe het hulpverleningsproces in de praktijk verloopt. In die zin is het *een model voor de werkelijkheid*. Het model *schrijft voor* welke stappen je moet nemen. Je kunt je eigen handelen sturen aan de hand van de verschillende fasen: je weet welke fasen je moet doorlopen, je weet waarom je iets doet, je weet waar je naartoe wilt werken en waarom. Het geeft je een helder model om met de cliënt in gesprek te gaan en zo samen te bepalen wat er aan de hand is en wat de oplossing zou kunnen zijn.

model voor de werkelijkheid

Het denkmodel is een instrument om samen met je collega's en andere deskundigen kritisch naar het eigen handelen en de effecten daarvan te kijken. Je bent in staat beter en gerichter hulp te bieden. Door overleg en gezamenlijke evaluaties werk je aan bestaande routines en kunnen nieuwe werkwijzen worden gevonden. Je bouwt met elkaar een controleerbaar kennisbestand op van interventies en oplossingen. Bij het werken met de plancyclus maak je gebruik van theoretische inzichten en actueel wetenschappelijk onderzoek. Hiermee kun je keuzes beargumenteren en onderbouwen. Op deze manier draag je bij aan de professionaliteit van het beroep. Als SPH'er word je geacht een kritische consument te zijn van wetenschappelijk onderzoek en bij te dragen aan de ontwikkeling van het beroep en de beroepsmethodiek door middel van onderzoek. Dit is een van de manieren waarop je je onderscheidt van je mbo-collega's.

Werken met de plancyclus lijkt misschien een ingewikkeld en tijdrovend proces. In het begin is het dat ook, maar de investering verdient zichzelf terug. Het werken met de plancyclus is voor een ervaren hulpverlener als een tweede natuur: het gaat bijna automatisch.

plancyclus als tweede natuur

De opzet van dit boek

Voor ik stap voor stap de plancyclus ga bespreken, kijk ik in het tweede hoofdstuk eerst naar de maatschappelijke en historische context van de zorg. In het derde hoofdstuk behandel ik de ontwikkeling van aanbodgestuurde naar vraaggestuurde zorg en de rol van de overheid daarbij. Hoofdstuk vier gaat over het begin van de plancyclus, de oriënterende fase. De onderzoeks- of diagnostische fase is verdeeld over de drie volgende hoofdstukken. In hoofdstuk vijf behandel ik het stellen van hypothesen en in hoofdstuk zes staat het maken van een observatieplan centraal. In hoofdstuk zeven passeren de belangrijkste observatiemethoden de revue. In hoofdstuk acht wordt de planningsfase uitgebreid behandeld en ga ik in op de uitvoerings- en evaluatiefase. Bij dat laatste schenk ik aandacht aan het toenemende belang van het werken met wetenschappelijk verantwoorde methoden. Ik sluit dit boek af met een bespreking van evalueren, verantwoorden en legitimeren in de huidige context van de zorg, met economische teruggang en een controlerende overheid die tegelijkertijd het ideaal van burgerschap van cliënten centraal stelt.

Schema plancyclus

1. *De oriënterende fase*
   - Signaleren.
   - Eigen indruk onderzoeken.
   - Informatie verzamelen uit dossiers, rapportage, zorgplan en observatie.
   - Problematiseren: het maken van een probleemanalyse.
   - Probleemdefinitie formuleren.

2. *De diagnostische fase*
   - Op basis van de probleemdefinitie hypothesen formuleren op:
     - medisch-biologisch niveau;

- sociaal niveau;
- individueel-psychologisch niveau.
- Een beargumenteerde keus maken welke hypothese(n) nader zal/zullen worden onderzocht.
- Onderzoeksdoel of observatiedoel formuleren.
- Observatievraag formuleren die past bij het doel.
- Observatievraag operationaliseren.
- Observatieplan maken.
- Observeren en registreren.
- Ordenen en beschrijven.
- Analyseren en interpreteren.
- Concluderen of diagnosticeren.

3. *De planningsfase*
   - Diagnose als uitgangspunt nemen.
   - Bepalen of actie wenselijk is.
   - Handelingsdoel(en) stellen (**SMART**).
   - Analyse van de haalbaarheid maken:
     - inventarisatie van bevorderende factoren;
     - inventarisatie van belemmerende factoren;
     - weging van de factoren.
   - Kiezen van de te beïnvloeden factoren en tussendoelen formuleren.
   - Methoden bepalen.
   - Werkplan maken.

4. *De uitvoeringsfase*
   - Handelen.
   - Observeren.
   - Registreren en rapporteren.

5. *De evaluatiefase*
   - Evalueren ten aanzien van:
     - handelingsdoel (resultaat);
     - proces;
     - reflectie op eigen handelen van de hulpverlener.
   - Conclusies trekken ten aanzien van:
     - verdere hulpverlening aan de cliënt;
     - de praktijk van de hulpverlening.

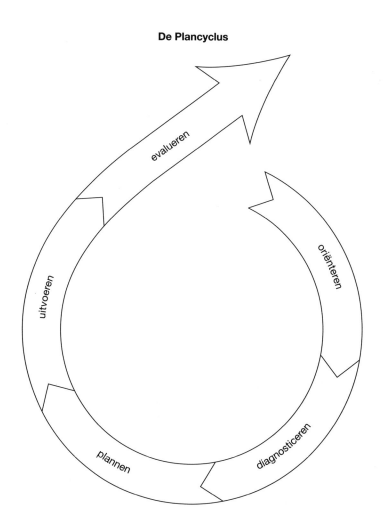

2 Zorggeschiedenis

Werken met de plancyclus is tijd- en plaatsgebonden. De cultuur en de tijd waarin we leven zijn bepalend voor datgene wat we als gewenst gedrag beschouwen, wat we als probleem of als probleemgedrag bestempelen en de oplossingen die we voor die problemen bedenken.

Een klein en alledaags voorbeeld is dat ik in de jaren vijftig op een katholieke lagere school zat, waar we naast cijfers voor de verschillende vakken ook cijfers kregen voor gedrag, vlijt en netheid. Om een goed cijfer voor gedrag te krijgen, was het belangrijk om bescheiden, beleefd en gehoorzaam te zijn. Dat gold overigens voor meisjes in sterkere mate dan voor jongens, maar dat viel niet op omdat we alleen met meisjes in de klas zaten. Gedrag dat afweek van die norm werd brutaal gevonden en leverde een onvoldoende op. Mijn dochter kreeg op haar basisschool nog steeds een beoordeling voor gedrag. Nu heette het werkhouding. Zij is een stil en rustig meisje, dat veel last had van de drukke jongens in haar klas. Tegenwoordig wordt op Nederlandse basisscholen veel waarde gehecht aan het vormen van een eigen mening en het uiten van die mening; geregeld kreeg mijn dochter op haar rapporten de aansporing 'zich eens wat meer te laten horen' en 'wat meer van zich af te bijten'. Zij vond dat net zo moeilijk als ik het destijds vond om níet brutaal te zijn.

Mensen hebben altijd de neiging om hun eigen tijdperk als het logische sluitstuk van een ontwikkeling te zien. Het is belangrijk dat je je als hulpverlener bewust bent van het feit dat de manier waarop we nu hulp verlenen eigenlijk een momentopname is. Datgene wat we nu als goede zorg bestempelen en de manier waarop we de zorg daadwerkelijk inrichten, zal weer veranderen. De wijze van hulpverlenen houdt altijd verband met normen en waarden in de samenleving over goede zorg. Die normen en waarden kunnen in de loop van de tijd veranderen en per samenleving verschill. Mensen zijn

een momentopname

verschillende culturele opvattingen

ook geneigd om datgene wat ze in hun eigen cultuur gewend zijn als normaal te beschouwen, en datgene wat ze bij mensen uit ander culturen zien als abnormaal en dus afwijkend te beschouwen. Als verschillende culturele opvattingen tegenover elkaar komen te staan zonder dat mensen zich daarvan bewust zijn, kan dat tot botsingen leiden waarbij mensen niet altijd begrijpen wat er nu botst.

In dit hoofdstuk wil ik de camera als het ware een stukje terugnemen en vanuit het grote geheel van de samenleving naar zorg en hulpverlening kijken. Eerst kijk ik aan de hand van enkele voorbeelden naar de manier waarop cultuur invloed heeft op de wijze waarop mensen problemen beschouwen. Daarna geef ik enkele voorbeelden van de invloed die de historische context kan hebben op zorg en hulpverlening. Vervolgens ga ik iets dieper in op de ontwikkelingen in de zorg in Nederland in de tweede helft van de vorige eeuw en het begin van deze eeuw.

Cultuurverschil: ontwikkeling of rijping?

Ik begin deze paragraaf met een voorbeeld waarin het begrip 'ontwikkeling' centraal staat. Studenten SPH krijgen les in pedagogie en ontwikkelingspsychologie. Er zijn weliswaar verschillende stromingen in de ontwikkelingspsychologie, maar men is het erover eens dat kinderen zich ontwikkelen en dat opvoeders daaraan een actieve bijdrage leveren. Loopt die ontwikkeling achter, dan zien we dat als een probleem waaraan iets moet worden gedaan.

ouders 'sleutel tot succes'

Op Nederlandse basisscholen wordt de ontwikkeling van jonge kinderen op alle ontwikkelingsgebieden goed gevolgd en met de ouders besproken. Vanuit de zorg om de geconstateerde onderwijsachterstand van kinderen van ouders met een laag opleidingsniveau, zijn er veel voor- en vroegschoolse programma's om de ontwikkeling van jonge kinderen op alle gebieden te stimuleren. Ouders worden in dergelijke programma's begeleid om zich actief met de ontwikkeling van hun kinderen bezig te houden. Dit gebeurt vanuit de idee dat ouders 'de sleutel tot succes' zijn voor de schoolcarrière van kinderen. Wanneer een leerkracht een ontwikkelingsachterstand constateert, is dat reden om actie te ondernemen en de ouders uit te nodigen voor een gesprek.

In mijn werk als coördinator van een dergelijk project hield ik groepsbijeenkomsten met Turkse en Marokkaanse moeders van kleuters. We behandelden thema's die verband hielden met school en opvoeding. Moeders vertelden over de problemen die ze ondervonden in de opvoeding en in hun contact met de school. Het kwam vaak voor dat kleuterjuffen een extra kleuterjaar adviseerden, omdat het kind 'nog niet toe was aan groep 3'. Moeders voelden dat alsof hun kind onterecht was blijven zitten. Ook hadden ze het idee dat leerkrachten dat bij allochtone kinderen veel vaker adviseerden dan bij Nederlandse kinderen. 'Ze zegt dat hij zich nog niet goed kan concentreren. Ja, wat wil ze nou, het is een kind! Dat komt toch vanzelf wel!'

> ontwikkelen kinderen zich vanzelf?

Niet overal ter wereld wordt op dezelfde manier over de ontwikkeling van kinderen gedacht. Marokkaanse ouders gaan niet zozeer uit van ideeën over ontwikkeling, maar eerder van ideeën over een natuurlijk proces van *rijping*. En die rijping komt vanzelf wel, zo wordt er gedacht, bij de een vroeger dan bij de ander. Een belangrijk Marokkaans begrip bij het rijpen van kinderen is het verkrijgen van 'aql'. Dit Arabische woord is grofweg te vertalen met 'weten hoe het hoort, weten hoe te handelen in sociale omstandigheden'. Het heeft te maken met zelfbeheersing. Jonge kinderen beschikken daar nog niet over; *aql* groeit geleidelijk vanaf de kleuterleeftijd. Vanaf een jaar of 6 neemt het toe. Pas dan heeft het zin om van kinderen beheerst gedrag te vragen.[1] Actief ingrijpen in de vorm van extra kleuterjaren of speciaal onderwijs wordt niet nodig geacht. Omdat ouders uitgaan van rijping en niet van een actief proces van ontwikkeling, menen ze dat het vanzelf wel goed zal komen. Een leerkracht of hulpverlener en een ouder die met deze verschillende opvattingen tegenover elkaar staan, zullen moeite hebben het eens te worden over de vraag of er een probleem is, wat het probleem precies is en wat eraan zou moeten worden gedaan. Hierbij moet wel worden aangetekend dat binnen de Marokkaanse gemeenschap in Nederland en in Marokko zelf ideeën hierover veranderen.

> ontwikkeling of rijping

De pedagoog Mariska Kromhout (2002) deed een kwalitatief onderzoek naar de ervaringen van Marokkaanse jongeren in de residentiële hulpverlening. Zij hield interviews met jongeren en met hun ouders. Een van de conclusies van haar onderzoek is dat de invloed van cultuurverschillen tussen de ouders en de (meestal Nederlandse) hulpverleners op het verloop van de hulpverlening beperkt is. Wel-

> beperkte invloed cultuurverschillen

> invloed cultuurverschillen is beperkt

---

1 Voor een uitgebreide en interessante beschrijving van opvoedingsidealen en -praktijken in Marokkaanse gezinnen verwijs ik naar Pels (1991).

iswaar kleurde ieders culturele blik de kijk op de problemen van de opgenomen jongens, maar in de visie van hulpverleners én ouders vertoonden de jongeren gedragsproblemen die onaanvaardbaar waren, of het gedrag nu werd afgemeten aan Nederlandse of aan Marokkaanse normen. Het is goed om naast de verschillen oog te hebben voor de overeenkomsten tussen de opvattingen van verschillende groepen.

Een maatschappelijk debat over zorg

verschillen binnen culturen

Samenlevingen zijn niet statisch: elke samenleving, elke cultuur is in beweging. Binnen culturen bestaan grote verschillen tussen mensen. Niet alle mensen denken en doen hetzelfde. Opleiding, sociale klasse, stad of platteland, sekse, leeftijd, kleur, burgerlijke staat en seksuele voorkeur zijn allemaal factoren die van invloed zijn op de manier waarop mensen in het leven staan, hun identiteit, en hun waarden en normen. Ik zei al dat er in elke samenleving waarden en normen leven over wat zorg is of zou moeten zijn. De economische en politieke omstandigheden bieden de kaders waarin zorg wordt geboden. Die kaders bepalen de mogelijkheden en beperkingen voor het verlenen van zorg.

EEN DORP IN SPANJE

bejaardenhuizen ondenkbaar

Ik woonde eind jaren zeventig in een klein plattelandsdorp in noordwest-Spanje. Ieder huishouden verbouwde eigen groenten en hield kippen, varkens en konijnen voor eigen gebruik. De zelfgemaakte wijn was mede bedoeld voor de verkoop. Ouders en kinderen bleven bij elkaar wonen; de kinderen verzorgden de ouders tot hun dood. Het pensioen van een bejaarde bood een welkome aanvulling op de karige inkomsten uit de landbouw. 'Tegenwoordig kun je beter een bejaarde in huis hebben dan een koe', was een veelgehoord grapje. Bejaardentehuizen, zoals die toen in Nederland genoemd werden, bestonden niet, maar waren bovendien ondenkbaar. Mensen wisten dat dergelijke instellingen in Noord-Europa heel gewoon waren. Ze vonden het idee alleen al verschrikkelijk. Vaak moest ik mij verantwoorden: of ik mijn ouders ook in zo'n tehuis zou stoppen, nee toch?

Het dorp bood naast de landbouw weinig middelen van bestaan. Veel jonge mensen trokken naar de grote steden. De alleenstaande weduwen konden nog uitstekend voor zichzelf zorgen. Er woonde een man in het dorp die in de Burgeroorlog beide benen was kwijtgeraakt. Hij was nooit getrouwd en altijd in het dorp gebleven. Dankzij een klein pensioentje kon hij zelfstandig blijven wonen. Maar met alleen dat pensioentje zou hij het nooit hebben gered. De vrouwen uit het dorp zorgden voor hem: geregeld werd hij bij de bron gezet, de centrale ontmoetingsplaats van het dorp, en hij maakte deel uit van het sociale leven in het dorp. Bij toerbeurt werd er voor hem gekookt en gewassen. Ik heb er altijd een zonnig beeld van de zorgzame dorpssamenleving aan over gehouden.

zorgzame dorpssamenleving

Twintig jaar later kwam ik terug in hetzelfde dorp. In de tussenliggende jaren was ik er niet geweest. Bij het binnenrijden van het naburige grote dorp was het eerste wat ik zag een nieuw groot gebouw, met daarop in grote letters 'Residencia de Tercera Edad'. Een bejaardentehuis – ik was geschokt.

In 'mijn' kleine dorp was veel hetzelfde gebleven. Tegen de verwachting in was het niet ontvolkt. Er waren zelfs nieuwkomers: mensen vanuit de bergdorpen die in het naburige grote dorp werk hadden gevonden en hier een huis hadden gekocht. De man zonder benen zat nog steeds in de zon bij de bron. Ik was opgelucht. Toch bleek de zorg voor oude mensen een structureel probleem te zijn geworden. De oude weduwen die vroeger voor hem zorgden konden nauwelijks meer voor zichzelf zorgen. Hun kinderen woonden in de grote stad en wilden moeder graag in huis nemen, maar moeder was er niet toe te bewegen het dorp te verlaten. De kinderen waren echter niet van plan om hun banen in de stad op te geven en terug te keren naar een dorp waar ze geen werk hadden. Kritiek op kinderen die hun ouders in bejaardentehuizen stopten, was in het denken van de dorpelingen aan het veranderen in kritiek op ouders die halsstarrig vasthielden aan een zelfstandig leven in het dorp en weigerden naar het bejaardentehuis van het naburige dorp te gaan. De zorg voor de man zonder benen was voor de weinige jonge vrouwen van het dorp niet meer op te brengen, maar niemand durfde hem dat te vertellen. De nieuwkomers droegen niet bij aan die traditionele zorg en dat werd ook niet van ze verwacht. Mijn ideaal van de zorgzame dorpssamenleving spatte uit elkaar.

Ondertussen is in Nederland in de ouderenzorg een tendens ontstaan om mensen zo lang mogelijk thuis te laten wonen met mantelzorg en professionele ondersteuning. Dat is niet alleen omdat het fijner voor mensen is om in hun eigen omgeving te kunnen blijven: het is goedkoper. Verpleeghuizen zijn de laatste jaren herhaaldelijk

mantelzorg en professionals

ongenuanceerd beeld van verpleeghuizen

negatief in het nieuws gekomen: door nijpend personeelsgebrek zou daar een zorgwekkende situatie zijn ontstaan met 'pyjamadagen' en 'mensonterende toestanden' (Bakens, 2006). Deze berichten in de pers zijn vaak ongenuanceerd en geven veelal een vertekend beeld van de werkelijkheid, maar hebben grote invloed op de publieke opinie. Hierdoor blijven werkelijke problemen in de verpleeghuiszorg, zoals een tekort aan *goed opgeleid* personeel, onderbelicht (Fontaine, 2006). Opvattingen en ideeën over zorg en zorgzaamheid kunnen in een samenleving binnen een periode van 25 jaar verschuiven. Bij een dergelijke verschuiving gaan mensen met elkaar in gesprek, in debat, over wat goed is en wat niet. Praktijken worden aangepast aan ideeën en ideeën worden aangepast aan praktijken. Tussen verschillende ideeën en tussen ideeën en praktijken zitten tegenstrijdigheden, waarvoor we oog moeten hebben.

Belangrijk is dat opleidingen aandacht schenken aan diversiteit en aan de maatschappelijke context waarin de zorg wordt verleend. Het is goed als studenten leren structureel oog te hebben voor de context waarin iets plaatsvindt, en voor de opvattingen en het wereldbeeld van de mensen om wie het gaat. Het beste begin is bij jezelf en bij je eigen socialisatie: hoe ben ik gevormd, welke boodschappen heb ik meegekregen en hoe kleuren die mijn blik, mijn oordeel en mijn waarden en normen?

Het is ondoenlijk om in het korte bestek van dit boek een uitputtend overzicht van de geschiedenis van de zorg in Nederland te geven. Het veld is breed en omvat de terreinen van de gehandicaptenzorg, de zorg voor kinderen en jongeren, ouderenzorg, psychiatrie en verslavingszorg, de begeleiding van gedetineerden, en de maatschappelijke opvang (dak- en thuislozen en asielzoekers). Het is al helemaal niet mogelijk om een vergelijking te maken tussen de zorg in Nederland en die in de ons omringende landen, hoewel het goed zou zijn daar oog voor te hebben. Zo zijn in Zweden in de jaren negentig van de vorige eeuw de residentiële instellingen voor mensen met een verstandelijke beperking officieel opgeheven en wonen cliënten nu allemaal zelfstandig of in kleinschalige woonvormen in gewone woonwijken. Uit onderzoek blijkt dat werkers positief zijn over de de-institutionalisering, maar wel enige zorg hebben over de eenzaamheid van cliënten (Ewijk & Lammersen, 2006: 10). Wij zouden van de ervaringen elders kunnen leren wat er wel en niet mogelijk is.

doelgroepen

Ik maak eerst een aantal uitstapjes naar het verleden. Daarna schets ik aan de hand van enkele sleutelgebeurtenissen in grote lijnen de ontwikkelingen in de zorg in Nederland in de tweede helft van de vorige eeuw.[2]

LEEGLOPERS EN WEZEN

Instellingen voor mensen met een gebrek of voor gekken en dwazen zijn er al heel lang: denk aan de middeleeuwse dolhuizen, waar iedereen door elkaar werd opgevangen. Zo kende Amsterdam in de 16de eeuw een probleem van toenemende bedelarij. Er bestonden echte bedelaars, maar ook mensen die wij nu 'simulanten' zouden noemen, maar die toen 'lediggangers' (leeglopers) werden genoemd. Zij maakten misbruik van de gulheid van de stadsbewoners en stootten daarmee de echte armen het brood uit de mond. Dat leverde voor het stadsbestuur problemen op. Om te mogen bedelen was daarom toestemming van het stadsbestuur nodig.

Het stadsbestuur volgde de ideeën van Dirk Volckertsz. Coornhert, de eerste in Nederland die zich bezighield met het vraagstuk van de oorzaak van criminaliteit.[3] Hij pleitte voor een zinvolle en humane manier van straffen. Er zou in navolging van zijn ideeën een tuchthuis moeten komen waar opgepakte leeglopers en kleine criminelen een vak zouden leren om ze weer op het rechte pad te brengen. Voor mannen kwam er een Rasphuis, waar de mannelijke bedelaars Braziliaans hout raspten voor de verfindustrie. Bedelaressen en prostituees werden in het nieuwe Spinhuis tewerkgesteld. In vele Europese steden werd dit voorbeeld gevolgd. De tewerkstelling leverde een stadsbestuur extra inkomsten op. Het element van straf kwam al snel op de voorgrond te staan, het sociale element verwaterde (Frijhoff & Prak, 2004). Dit voorbeeld laat zien dat economische motieven aan de basis lagen voor de oprichting van de tehuizen, maar dat die wel verweven waren met sociale idealen. Het toenemende probleem van de armoedebestrijding had invloed op de uitwerking van het idee. Tevens laat het zien dat de idee van reclassering bepaald niet nieuw is.

humane manier van straffen

---

2 Sinds 2006 bestaat er een Canon Sociaal Werk (www.canonsociaalwerk.eu). Via diverse vensters kun je nadere informatie krijgen over belangrijke personen, instellingen of gebeurtenissen en ontwikkelingen in de geschiedenis van het sociaal werk in Nederland en Europa. De canon is groeiende en je kunt er suggesties voor nieuwe vensters doen.
3 De naam van Coornhert leeft voort in de Coornhert Liga. Deze Liga volgt actuele ontwikkelingen in het strafrecht op kritische wijze, signaleert misstanden en voorziet deze van commentaar. Het bestuur wordt gevormd uit mensen die werkzaam zijn in het strafrecht.

Aan de ontwikkeling van de zorg voor wezen is te zien welk verband er bestaat tussen opvattingen in een bepaalde tijd en de manier waarop zorg (als je dat tenminste zo mocht noemen) in de loop der tijden is ingericht (Robbroeckx & Bastiaensen, 2001). In de middeleeuwen werden kinderen voor wie de ouders niet konden zorgen bij familie opgevangen. De eerste gestichten ontstonden in de 16de eeuw. Meestal waren ze aan kloosters verbonden. In de 16de en 17de eeuw werden kinderen ook in gezinnen geplaatst, met name op het platteland. Dit gebeurde vooral omdat er gebrek aan gestichtplaatsen was. Het leven in die gestichten was overigens verre van aantrekkelijk. Maar ook als wezen bij een gezin werden geplaatst, was een fijn leven voor het kind in kwestie niet het doel: deze wezen werden beschouwd als goedkope arbeidskrachten. In de 18de eeuw werd een discussie gevoerd die nog steeds actueel is: waar zijn deze kinderen het beste af: in een instelling of in een gezin? In de 18de en 19de eeuw begonnen mensen het gezinsleven te idealiseren. Men ging de zorg niet alleen richten op wezen, maar ook op verwaarloosde en mishandelde kinderen. In de tweede helft van de 19de eeuw ontstond de kinderbescherming en daarmee begon de professionalisering van de jeugdhulpverlening. Professionals vonden dat kinderen het beste af waren in een gezin, maar erkenden dat de praktijk in pleeggezinnen vaak niet ideaal was. Kindertehuizen werden dan als een goed alternatief gezien. In de jeugdhulpverlening wordt tegenwoordig uithuisplaatsing als allerlaatste mogelijkheid gezien. Net als in de middeleeuwen wordt nu gekeken of in de directe omgeving van het gezin een pleeggezin kan worden gevonden. Oplossingen die vroeger heel gewoon waren, zoals grootouders die als pleegouder optreden, worden opnieuw ontdekt. Pas als een kind niet binnen de eigen familie of het eigen netwerk kan worden opgevangen, komt een ander pleeggezin in beeld. Het huidige enthousiasme voor pleegzorg heeft zeker (weer) economische motieven: een pleeggezin is veel goedkoper dan een kind in een instelling plaatsen. Dit voorbeeld laat zien dat maatschappelijke discussies en praktijken zich over vele eeuwen kunnen uitstrekken, maar in elke tijd hun eigen specifieke uitwerking en tegenstrijdigheden kennen.

ZORG IN NEDERLAND

Tot in de 19de eeuw werden psychiatrische patiënten en mensen met een verstandelijke beperking opgevangen bij familie. Als dat niet mogelijk was, werden ze samen met andere hulpbehoevenden opgevangen in grote instellingen. Er werd dus geen onderscheid gemaakt tussen verschillende soorten aandoeningen of problemen. De bewoners van deze instellingen waren veelal arm. In een dergelijke instelling moesten ze om economische redenen naar vermogen werken. In de hogere klassen kwam gekte en gebrek ook wel degelijk voor. De 19de-eeuwse romanschrijver Louis Couperus beschrijft in de roman *De boeken der kleine zielen* de voortschrijdende waanzin van Ernst, de broer van de hoofdpersoon. Ernst is ervan overtuigd dat er geesten wonen in zijn porseleinen vazen. Uiteindelijk belandt hij in een psychose. De familie kon het zich veroorloven Ernst thuis te laten verplegen. Een wreder lot trof Hedwig La Fontaine, de heldin uit een andere 19de-eeuwse roman: *Van de koele meren des doods*, geschreven door Frederik van Eeden. Tijdens haar huwelijk met een brave maar saaie man vertoont Hedwig al tekenen van instabiliteit. Ze vlucht uit dat huwelijk weg met een minnaar, maar belandt uiteindelijk als prostituee in Parijs. Als ze daar echt krankzinnig wordt, wordt ze opgenomen in een gesticht. Daar wordt duidelijk dat ze daar vanwege haar klasse niet thuishoort. Er zijn daar alleen maar arme mensen die gek zijn geworden.

Mensen als Ernst en Hedwig werden niet als 'ziek' gezien, maar als 'gek' of 'krankzinnig'. Benamingen zijn belangrijk, want ze laten zien hoe er over een aandoening wordt gedacht. Mensen die gek waren moesten worden verzorgd en vooral bewaakt, want ze vormden een bedreiging van de maatschappelijke orde. Gekte werd gezien als een probleem van de lagere klassen en de hogere klassen wilden zichzelf beschermen tegen de overlast en het gevaar van de lagere klassen.

In de jaren twintig van de vorige eeuw kwam er door nieuwe wetenschappelijke inzichten verandering. Men ging geleidelijk aan psychiatrische patiënten niet meer als 'gek' maar als 'ziek' beschouwen. Bij ziek hoort als tegenhanger 'gezond'. Tussen ziek en gezond zit meer dan verzorgen en bewaken: zieke mensen moeten worden behandeld met als doel ze te genezen. Gekken en dwazen werden zo patiënten. Gestichten werden ziekenhuizen en bewakers werden verplegers en later psychiatrisch verpleegkundigen.

niet 'gek' maar 'ziek'

Langdurige drugsverslaafden worden nu gezien als ziek, en dus als patiënt. Lang was men ervan overtuigd dat mensen hun verslaving aan zichzelf te danken hebben en dus geen recht hebben op compassie en behandeling. Wie niet kon afkicken was een slappeling. Inmiddels is bekend dat een aanleg voor verslaving gedeeltelijk genetisch is bepaald en dat processen in de hersenen een belangrijke rol spelen bij het voortduren van een verslaving. Verslaving is opgenomen als ziektebeeld in de DSM IV. Begin 2005 werd in Rotterdam vanuit de politiek een voorstel gedaan om langdurige verslaafden gedwongen op te vangen op boerderijen ver buiten de stad. Dit is niet zozeer bedoeld voor het welzijn van deze mensen, maar om de maatschappij tegen de overlast van deze kleine groep te beschermen. De verslaafden zelf zien weinig in het voorstel: zij willen noch als patiënt noch als crimineel worden gezien. In 2008 werd in Den Haag de woonvorm Woodstock voor dak- en thuislozen met verslavingsproblematiek, voornamelijk drugs, geopend. Bewoners zijn tussen de 45 en 70 jaar: het zijn kinderen van de sixties die niet meer van hun verslaving zullen afkomen en niet in de reguliere voorziening voor ouderen terechtkunnen. Ze mogen in de woonvorm gebruiken. Terugdringen van overlast, drugs en criminaliteit lag mede ten grondslag aan de opzet van deze woonvoorziening, maar ook de overtuiging dat deze mensen met verslaving ertoe doen. 'Drugsverslaafden zijn doorgaans slimme en energieke mensen', zegt de locatiemanager over hen in de krant (Wanders, 2009). Het maatschappelijke debat over wat ziek en gezond is, wat normaal is en wat gek en de daarbij behorende aanpak is volop in beweging.

Na de Tweede Wereldoorlog ging de zorg aan mensen die om de een of andere reden niet voor zichzelf konden zorgen aanvankelijk door zoals dat in de jaren voor de oorlog was gedaan. Men werd nog altijd opgevangen in grote instellingen in de inmiddels spreekwoordelijke bossen. Ook hier speelde het feit dat de 'normale maatschappij' niet geconfronteerd wilde worden met ziekte, gebrek of onaangepast gedrag een belangrijke rol.

belang burgerij

Een voorbeeld hiervan is de manier waarop werd gedacht over mishandelde kinderen. Er werd niet zozeer gedacht vanuit de belangen van het kind, maar vanuit het belang van de maatschappij. Een verwaarloosd of mishandeld kind vormde een risico, omdat het gemakkelijk in crimineel gedrag kon vervallen. Het mishandelde kind werd gezien als een crimineel in de dop, iemand die niet de orde, regelmaat en discipline van een normaal gezin heeft gekend en daarom moest worden heropgevoed. De mishandeling als zodanig werd minder als probleem gezien dan 'de verwaarlozing van de opvoeding tot eerzame burger'.[4]

4 Het geschiedenisprogramma 'Andere tijden' van de VPRO zond op 16 november 2004 een programma uit over kindermishandeling. Op de website www.anderetijden.nl is in het archief deze aflevering te zien. Ook is de tekst van het programma te downloaden. Het citaat is uit deze tekst afkomstig.

In de tweede helft van de 20ste eeuw ontstaat er een toenemende professionalisering en differentiatie in de zorg. Tot dan toe bestaat de bevolking van een krankzinnigengesticht uit een gemêleerd gezelschap. Eind jaren veertig was in een grote algemene instelling met een protestantse signatuur de verdeling als volgt: 14 procent van de populatie was hulpbehoevend omdat ze geen geld of familie had; bijna 25 procent was 'depressief' of 'zenuwachtig'; 17 procent had lichamelijke klachten als astma, blindheid of doofheid; 14 procent werd als psychopaat aangemerkt. Een aantal mensen was opgenomen wegens 'sexueel deraillement' (neiging tot ontsporing). Nog geen kwart van de bewoners werd als 'zwakbegaafd' aangemerkt. Aan het eind van de jaren vijftig was dit aandeel gestegen tot twee derde, maar was de bevolking van een dergelijke instelling nog tamelijk ongedifferentieerd (Tonkens & Weijers, 1997: 19-20).

professionaliseren en differentiatie

Patiënten sliepen op grote zalen, mannen en vrouwen waren gescheiden. Op ongeveer zestig patiënten waren er twee verpleegsters, wier belangrijkste taak bestond uit schoonmaken en verzorgen. De inrichting werd omheind door een groot hek. Je kwam er niet zomaar uit, maar je kwam er ook niet zomaar in. Bewoners hadden weinig contact met familie of de buitenwereld.

In de loop van de jaren vijftig begon er iets te veranderen in de zorg. Daarvoor is een aantal oorzaken aan te wijzen. Het denken over de oorzaak van gekte of gebrek maakte een omslag. Van oudsher werden sociale factoren gezocht om te verklaren waarom mensen aan een gebrek leden: armoede werd veelal als oorzaak gezien. Daarnaast werd een handicap vaak gezien als een straf van God. In de jaren vijftig werden op medisch en genetisch gebied ontdekkingen gedaan die de aandacht meer op biologische factoren vestigden. Door de ontdekking van medicijnen en medische ingrepen kreeg men in de psychiatrie meer aandacht voor genezing. Door medicatie werd het voor het eerst mogelijk om gedrag beter te reguleren, waardoor de mogelijkheid tot behandelen groter werd.

gedragsregulering door medicatie

In de naoorlogse periode stonden het gezin en de kwaliteit van het gezinsleven in de belangstelling. Een goed en gezond gezinsleven, met een werkende vader aan het hoofd, een moeder die thuis voor de kinderen zorgde en harmonieuze betrekkingen tussen de gezinsleden, werd als belangrijk gezien. Het was de tijd van de drie R's: Reinheid, Rust en Regelmaat. Een gehandicapt kind werd gezien als een bedreiging van die harmonie en uithuisplaatsing van dat kind vond men de beste oplossing.

ontstaan verzorgingsstaat

Met de groeiende nadruk op de gezinsideologie werd de verantwoordelijk van ouders groter. Men sprak nu niet meer over armoede als oorzaak: de levensstandaard was enorm omhoog gegaan na de oorlog, zodat er nauwelijks meer sprake was van echte armoede. De verzorgingsstaat begon te ontstaan: de staat nam de verantwoordelijkheid voor het economische welzijn van mensen tot op zekere hoogte over. Het emotionele welzijn van kinderen werd des te meer als de verantwoordelijkheid van ouders gezien. Het ging niet meer om armoede, maar om sociaal milieu. De opstelling van ouders van cliënten veranderde. In het midden van de jaren vijftig kwamen de eerste ouderverenigingen – een teken dat ouders mondiger werden. Hogeropgeleide ouders gingen hun ervaringen met hun gehandicapte kind opschrijven.

De Oostenrijks-Amerikaanse psychiater Leo Kanner beschreef in de jaren veertig als een van de eersten wat autisme was. Autisten zouden volgens hem vooral worden gevonden in gezinnen waar weinig warmte en liefde was. Het ging om intellectueel begaafde, maar kille ouders. Deze uitspraak was niet gebaseerd op wetenschappelijk onderzoek (Rigter, 2002), maar niettemin deed dit idee in Nederland in de jaren vijftig en zestig opgeld. In de gezinsideologie, die toch al zo'n zware last op de schouders van moeders legde, werd de schuld voor autisme bij de moeder gelegd: de term 'ijskastmoeder' heeft het leven van vele moeders (en vaders) van kinderen met autisme nodeloos verzwaard.

geringe betrokkenheid ouders

Wanneer kinderen in een instelling werden opgenomen, werden ouders weinig betrokken bij de zorg voor hun kinderen. De journaliste en schrijfster Lydia Rood schreef een boekje over haar autistische broer Job. Job werd geboren in 1960. Rond zijn 4de jaar ging hij uit huis. Rood laat haar moeder aan het woord: 'Toen hij wegging naar de Hondsberg vond ik dat in eerste instantie een opluchting. Het werd gewoon echt te zwaar. Nu zou er tenminste wat gerichts gaan gebeuren. Maar toen mocht je de eerste zes weken niet op bezoek komen. Dat vond je dan verstandig, daar ga je rationeel mee om. Maar na mijn eerste bezoek ging ik met een akelig gevoel naar huis. Ze hadden door een of andere fout in de organisatie niet op mij gerekend: hij was er niet. Eerst zei een verzorgster dat hij ziek was, maar toen bleek een ander met hem uit wandelen te zijn. Ze wist niet dat hij ziek was. Toen ze terugwaren heb ik een uurtje met Job verkeerd, dat was echt niet meer dan verkeren. Heel tam, ontzettend tam vond ik hem. Alle initiatief moest van mij komen en liep op niks uit. Hij vond het ook helemaal niet leuk dat ik kwam of zo.'

In de Hondsberg waren orthopedagogen die Job leerden praten.[5] De moeder van Job zegt dat ze heel erg geluk hebben gehad met de Hondsberg. Het was een van de weinige plaatsen in Nederland waar enige expertise op dit gebied bestond (Rood, 1994).

Er bestond, zoals blijkt uit het verhaal van Jobs moeder, niet de idee dat structureel overleg met de ouders van gehandicapte kinderen nodig of nuttig was. De idee was juist dat ouders de zware zorg van hun gehandicapte kind overdroegen aan de instelling en de begeleiders. Die boden van hun kant zorgzaamheid. In deze optiek was het logisch dat men in eerste instantie keek naar de beperkingen van de kinderen, naar datgene wat ze *niet* konden, want daarom werden ze juist uit huis geplaatst en werd de zorg overgedragen. De instellingen moesten daarop een antwoord hebben: zo ontstond de aanbodgerichte zorg (van der Lee & Triepels, 2000). Het aanbod bestond niet alleen uit zorg, maar ook uit expertise, kennis over handicaps en stoornissen en de aanpak daarvan.

ontstaan aanbodgerichte zorg

Dat Job uit het voorbeeld hiervoor werd behandeld door deskundigen was een van de belangrijkste veranderingen in de tweede helft van de 20ste eeuw. In veel instellingen deden in de jaren zestig voor het eerst de gedragsdeskundigen hun intrede, namelijk de psychologen en (ortho)pedagogen. Er was een nieuwe belangstelling voor onderzoek op het gebied van diagnostiek en behandeling. De deskundigen waren van mening dat onderzoek het beste in grote instellingen kon gebeuren. Daar waren voldoende 'soorten' bewoners om controleerbare gegevens te krijgen. Deze deskundigen werden gaandeweg meer ingeschakeld om te onderzoeken welke ontwikke-

---

5 De Hondsberg is een centrum voor observatie en behandeling van kinderen en jongeren met een verstandelijke beperking en zeer complexe gedragsproblematiek en/of psychiatrische problemen. Het is een van de oudste gespecialiseerde instellingen op dit gebied in Nederland. De indrukwekkende NCRV-documentaire *Kinderen van de Hondsberg* van Roel van Dalen uit 1998 geeft een mooi beeld van de manier van werken in deze instelling.

lingsmogelijkheden er waren voor individuele cliënten of patiënten. Ook in de psychiatrie ging men zich in deze jaren meer richten op onderzoek en behandelen dan op verplegen. Er kwam een definitieve scheiding in de inrichtingen voor 'zwakzinnigen' en 'krankzinnigen'. Zwakzinnigen gingen geestelijk gehandicapten heten, daarna verstandelijk gehandicapten, daarna mensen met een verstandelijke handicap en ten slotte mensen met een verstandelijke beperking. Gekken en krankzinnigen werden psychiatrische patiënten of cliënten met psychische stoornissen genoemd.

aandacht voor het individu

Terugkijkend naar de instellingen van de jaren vijftig en zestig rijst vaak het beeld op van collectieve zorg, waarin geen aandacht was voor het individu. Gedeeltelijk was dat waar, maar dat beeld moeten we toch bijstellen: individuele diagnoses en individuele behandelingen zijn er al lang. Met de toenemende deskundigheid van de gedragsdeskundigen werd hun macht steeds groter, zowel over het individuele lot van de cliënten als over de instelling als geheel. In de jaren zestig kwam die macht ter discussie te staan.

VAN MORTIFICATIE NAAR BURGERSCHAP

Was in de jaren vijftig een verandering in gang gezet, de echte veranderingen kwamen pas in de roerige jaren zestig, toen de hele wereld op zijn kop leek te staan. Democratisering en emancipatie waren sleutelwoorden die richting gaven aan verandering. Het waren termen die in de loop van de jaren zestig ook betrekking gingen hebben op cliënten en patiënten in de zorg.

alles en iedereen was maakbaar

Hoe kwam dat nu? De kiem voor die verandering was al in de voorgaande jaren gelegd. Door onderzoek en het toepassen van nieuwe behandelmethoden bleek dat mensen met een beperking dingen konden leren. Met de nieuwe medicatie voor psychiatrische patiënten konden ze een min of meer stabiel leven leiden. Hiermee was er een praktische basis om te gaan kijken in hoeverre een 'normaal' leven mogelijk was. Nieuwe psychologische stromingen legden de basis voor de behandeling van 'onhandelbare' jeugd. Alles en iedereen was maakbaar. Economisch gezien leken de mogelijkheden onbegrensd: zoveel welvaart was er nog nooit geweest. Toch ging de emancipatie van cliënten in de zorg niet vanzelf.

TOTALE INSTITUTIES

Een van de eersten die kritiek uitte op de manier waarop mensen binnen grote ziekenhuizen leefden was de Amerikaanse socioloog Erving Goffman. Hij liet zien dat een normaal leven op gespannen voet stond met, om niet te zeggen: onmogelijk was binnen, wat hij noemde een *totale institutie*. In 1961 publiceerde Goffman een sociologische studie onder de Engelse titel *Asylums*. Het werd in het Nederlands vertaald met *Totale instituties* en later veranderde de titel in *Gestichten*.[6] Goffman had onderzoek gedaan door participerend te observeren in psychiatrische ziekenhuizen. Hij nam deel aan het leven van de patiënten en bestudeerde hun onderlinge relaties en de relaties tussen patiënten en staf. Op die manier slaagde hij erin om vanuit het gezichtspunt van de patiënten het leven in een dergelijk gesticht te beschrijven en te analyseren. Volgens hem is een totale institutie een instelling waar een groot aantal mensen in dezelfde situatie verkeren en min of meer afgesneden van de buitenwereld samenleven. Voorbeelden daarvan zijn psychiatrisch ziekenhuizen, gevangenissen, kloosters: kazernes en kostscholen. Elke institutie is anders: tussen een klooster en een gevangenis bestaan grote verschillen, maar toch hebben ze kenmerken gemeen, waardoor je ze met elkaar kunt vergelijken. Goffman wilde een zogenaamd ideaaltype laten zien; hij wilde onderzoeken wat de gemeenschappelijke kenmerken van een totale institutie zijn.

_{afgesneden van de buitenwereld}

Een instituut is deels een leefgemeenschap, maar heeft tegelijkertijd een doel, een rationeel plan, dat richting geeft aan de manier waarop het leven binnen de institutie is ingericht. De instelling levert als het ware een 'product' af. Het zijn instellingen waarin het hele (totale) leven van mensen zich gedurende langere tijd afspeelt. Bewoners hebben weinig of geen mogelijkheden om de instelling te verlaten. Alle activiteiten worden van bovenaf geprogrammeerd door formele regels en de activiteiten worden door alle bewoners op dezelfde plaats gedaan in aanwezigheid van een groot aantal anderen. Denk aan eetzalen, slaapzalen, recreatieruimtes of de middeleeuwse kloostergangen. Het leven in een dergelijke instelling heeft effect op mensen en op de relaties tussen mensen. Dan heb ik het niet alleen over de bewoners zelf en hun relaties onderling, maar vooral over de relaties tussen de bewoners en het personeel.

_{rationeel plan}

_{een instituut beïnvloedt sociale relaties}

---

6 Goffman (1993).

bewoners en staf

Goffman onderscheidt bewoners en staf (personeel) als de twee fundamenteel verschillende groepen die in een bepaalde machtsverhouding tot elkaar staan. De groep bewoners is groot, de toezichthoudende staf is klein. Tussen de twee groepen is er sprake van weinig contact en weinig informatieoverdracht. Het zijn twee verschillende werelden binnen de instelling. Bewoners hebben beperkte contacten met de buitenwereld, de staf is sociaal geïntegreerd in de buitenwereld. Bewoners staan 24 uur per dag onder de dominerende invloed van het personeel, het personeel kan zich aan de invloed van de instelling onttrekken. De bewoners krijgen de neiging zich zwak en minderwaardig te voelen, de staf krijgt de neiging zich superieur te voelen. Over en weer ontstaan stereotiepe beelden. De staf ziet de bewoners als stiekem en onbetrouwbaar, de bewoners zien het personeel als neerbuigend en haatdragend. Het gevoel van 'wij tegen zij' wordt versterkt door het feit dat *elk* lid van de staf het recht heeft *elke* bewoner te disciplineren met (soms tirannieke en onzinnige) regels en te straffen. Bewoners kunnen door goed gedrag privileges verdienen. De staf bepaalt wanneer gedrag goed genoeg is.

mortificatie

Het effect van leven onder dergelijke omstandigheden op de bewoners is groot. Goffman heeft een woord voor datgene wat er met bewoners gebeurt: *mortificatie*. Het Franse woord 'mort' (dood) zit erin. In een dergelijke instelling ga je als bewoner een beetje dood. Je eigen ik, je identiteit sterft langzaam af. Dat begint al vanaf de eerste dag dat iemand binnenkomt. Bij de intake neemt het instituut je maatschappelijke positie en sociale rollen af. Je bent geen bankdirecteur, moeder, glazenwasser of student meer, maar een gevangene, een patiënt, een demente bejaarde, een non. Je krijgt een plek toegewezen: een bed, een kast die niet op slot kan, een plaats aan tafel. Persoonlijke bezittingen worden afgenomen en je krijgt instituutskleding.

De lichamelijke integriteit van bewoners wordt geschonden door momenten van eten, slapen en waken en desnoods de stoelgang aan regels te onderwerpen. Deze regels zijn opgesteld voor het gemak van de leiding, niet voor het welbevinden van de bewoners. Ook de persoonlijke integriteit wordt geschonden: post wordt geopend en gelezen, bezoek wordt gereguleerd, liefde en affectie tussen bewoners onderling zijn een onderwerp van gesprek en zorg van de staf of worden geheel verboden.

Mortificatie is als begrip niet zo bekend geworden als *hospitalisatie*. Dit tweede begrip houdt in dat mensen in een inrichting zich gaan gedragen naar wat er van ze wordt verwacht. Dat is een proces waar Goffman als eerste op wees. De doelstelling van een inrichting verschaft een taal, een referentiekader, waarmee gedrag kan worden geïnterpreteerd en ook daadwerkelijk wordt geïnterpreteerd. Vanaf het moment dat een bewoner zijn intrede doet in een inrichting gaat het personeel ervan uit dat het terecht is dat hij daar zit. Gedrag van de bewoner wordt in dit kader geïnterpreteerd ('Maar ik ben niet gek!', 'Dat zeggen ze allemaal!'). Straffen en sancties passen in dit interpretatieschema: het is goed voor mensen, ze leren ervan wat wij willen dat ze leren.

mortificatie en hospitalisatie

Bewoners blijken verschillen strategieën te hebben om in een dergelijke institutie te overleven. Goffman noemt als eerste de openlijke rebellie. In de volgende paragraaf zullen we daarvan een sprekend voorbeeld zien. Sommige cliënten kiezen ervoor zich terug te trekken (regressie). Bij gebrek aan fysieke ruimte om dat te doen, kan dat de vorm aannemen van bijvoorbeeld dagdromen. Een totaal andere strategie is die van de conversie. De bewoner neemt de visie van de instelling geheel over en gedraagt zich als 'de ideale bewoner'. Het meest komt kolonisering voor: bewoners bouwen in de instelling een stabiel en redelijk tevreden leven op. Hierdoor wordt de kans dat ze ooit in staat zullen zijn weer een zelfstandig leven op te bouwen buiten de instelling aanzienlijk kleiner en meestal willen ze dat helemaal niet meer.

overlevingsstrategieën van bewoners

In een onderzoek bij dak- en thuislozen in de maatschappelijke opvang werd gebruikgemaakt van het begrippenkader van Goffman (Wolfshöfer & Bröer, 2009). Het is de opdracht van deze instelling bewoners te laten resocialiseren en ze de vaardigheden daarvoor, die ze in hun bestaan als dakloze zijn kwijtgeraakt, weer aan te leren. De onderzoekers zagen verschillende strategieën in de praktijk terug. Degenen die het meest 'hun best doen', bijvoorbeeld door actief deel te nemen aan het dagprogramma, leren vooral vaardigheden om zich binnen de opvang staande te houden en om te gaan met hun begeleiders. Ze ontwikkelen een strategie van 'ontwijken-waar-het-kan' en 'aanpassen-waar-het-moet'. Dat zijn niet de vaardigheden die ze nodig hebben om weer te integreren in de maatschappij en een deel van de bewoners stroomt dus niet door. De onderzoekers zagen inderdaad een proces van hospitalisatie bij een aantal bewoners, maar daarnaast zagen ze iets anders. Tijdens hun leven op

hospitalisatie

straat hebben deze mensen al een proces van mortificatie doorgemaakt. In de opvang komt de oude identiteit van vóór de dakloosheid weer dichterbij en dat proces noemen ze 'reanimatie'.

reanimatie

Managers en leidinggevenden van nu hebben in hun opleiding allemaal kennisgemaakt met de theorie van Goffman en hebben geleerd kritisch te zijn over een proces van mortificatie of hospitalisatie. Instellingen willen steeds minder totale instituties zijn, maar toch kunnen de processen die Goffman beschreef optreden. Het begrip 'totale institutie' kan een goed hulpmiddel zijn om naar de eigen instellingen te kijken. Je kunt het begrip als het ware als een bril opzetten om te onderzoeken welke kenmerken van een totale institutie een bepaalde instelling heeft en welke invloed dat op de bewoners heeft.

ONE FLEW OVER THE CUCKOO'S NEST

In 1975 kwam de Hollywoodfilm 'One flew over the cuckoo's nest' uit.[7] Een betere illustratie van de theorie van Goffman was nauwelijks denkbaar. Hoofdpersoon is de rebelse McMurphy (gespeeld door Jack Nicholson), die wordt opgenomen in een psychiatrisch ziekenhuis. McMurphy staat model voor de patiënt die voor zijn rechten en die van zijn medepatiënten opkomt. Nurse Ratched (gespeeld door Louise Fletcher) is zijn tegenspeelster. Zij belichaamt de tirannieke en wrede staf. De film werd opgenomen in een echt ziekenhuis, de acteurs repeteerden in sessies met echte patiënten. Er zijn momenten dat de film meer lijkt op een etnografische documentaire dan op een speelfilm. Het levensechte beeld dat hierdoor ontstond, betekende een schok voor de kijkers die nauwelijks bekend waren met de wereld van het psychiatrische ziekenhuis.

tirannieke en wrede staf

McMurphy wordt vanuit de gevangenis ter observatie opgenomen om te bepalen of hij gek is of niet. Een kleine, maar belangrijke hoofdrol is weggelegd voor een boomlange Indiaanse patiënt die Chief wordt genoemd. Deze Chief praat niet en men denkt dat hij doofstom is. McMurphy ontdekt dat hij wel degelijk kan praten en tussen beide mannen ontstaat een band. De overige patiënten zijn de gehospitaliseerde patiënten die door McMurphy weliswaar in beweging worden gebracht, maar uiteindelijk berusten in de veiligheid van hun totale institutie. In de krachtmeting tussen nurse Ratched

---

7   De film werd geregisseerd door Milos Forman en was gebaseerd op het gelijknamige boek van Ken Kesey uit 1962.

en McMurphy lijkt het er lange tijd op dat ze McMurphy niet klein kan krijgen. Zelfs elektroshocks hebben geen vat op hem. Nadat hij een nachtelijk feestje met de patiënten heeft ontketend, volgt de dramatische en beslissende ontknoping van het gevecht tussen beide hoofdrolspelers. McMurphy probeert nurse Ratched te wurgen. Na verloop van tijd komt hij midden in de nacht terug op de afdeling, waar de rust is weergekeerd. De Chief ziet dat McMurphy 'weg' is en ziet de littekens op zijn hoofd die wijzen op een herseoperatie. Hij omhelst McMurphy en drukt een kussen op zijn gezicht. Als het tegenspartelende lichaam van McMurphy stil is geworden, rukt hij een wastafel uit de vloer, gooit die door het raam en vlucht de nacht in. De boodschap van de film is duidelijk: psychiatrische ziekenhuizen maken mensen gek. Het lot van McMurphy lijkt te zeggen dat verandering van het systeem niet mogelijk is. Je kunt alleen ontsnappen, zoals de Chief.

verandering niet mogelijk

DENNENDAL EN VERDER

In Nederland had kort daarvoor, in 1974, de ontknoping van de zogenaamde Dennendal-affaire gespeeld. Een van de hoofdrolspelers in het drama was de pas afgestudeerde psycholoog Carel Muller. Hij was psychologisch directeur van de afdeling Dennendal, een zwakzinnigenafdeling van de Willem Arntz Stichting in Den Dolder. Eind jaren zestig begon Muller de directe leefomgeving van de patiënten te veranderen door kleine wooneenheden in te richten, waar recht kon worden gedaan aan de individuele wensen en de verschillende karakters van de pupillen, zoals de bewoners in Dennendal werden genoemd. Aanvankelijk was de directie van de Willem Arntzhoeve bijzonder ingenomen met de initiatieven van Muller. Ook ouders waren er blij mee. In de pers is vaak de nadruk gelegd op de verschillen in opvatting tussen Muller en directie die uitliepen op een drama. Maar aanvankelijk stonden ze op één lijn: de tijd was rijp voor een verandering.

tijd rijp voor verandering

Waaruit bestonden die idealen van Muller nu eigenlijk? Terugkijkend zegt Muller: 'Wat wij ontdekten was dat de zwakzinnige mens bij ons hoorde, dat er geen redenen waren ze als bijzondere wezens te zien voor wie speciale maatregelen moesten worden genomen. Ze zijn mensen, ze horen bij ons. Ze moesten niet op hun zwakzinnigheid worden aangesproken, maar op wie ze waren, een mens, met een bepaald karakter, een eigen temperament.'[8] Dat gedeelte sloeg aan bij de directie.

Muller en de zijnen hadden niet alleen een visie op de manier waarop met verstandelijk gehandicapte mensen moest worden omgegaan, het ging hen om de maatschappij als geheel. De maatschappij waarin macht, kennis en rijkdom ongelijk waren verdeeld, de maatschappij die het individu onderdrukte. Het ging om een veelomvattende maatschappijvisie. De traditionele maatschappij met de macht van deskundigen en van status en inkomen moest worden omvergeworpen. In deze visie was er niets mis met zwakzinnige mensen, integendeel. Het was niet zo dat de zwakzinnige mensen iets van ons moesten leren, maar eerder andersom: wij konden iets van zwakzinnige mensen leren: 'Zwakzinnigen prikken door hun oorspronkelijke gedrag soms onze vooroordelen en angsten, onze vervreemdingen en aanstellerij door. Want een werker in bijvoorbeeld een humane zwakzinnigeninrichting kan na verloop van tijd ongeveer hetzelfde waardepatroon hebben als zwakzinnigen: hij bekommert zich niet zo sterk om economische waarden en conventies en hij vindt goede menselijke relaties van meer belang dan bepaalde maatschappelijke afspraken waarvan hij de oorsprong niet meer herkent. Evenmin verwachten wij van de groepsleiders op Dennendal dat ze vakbekwame therapeuten zijn; ze moeten mensen zijn die op voet van gelijkheid en met een houding van gelijkwaardigheid met de pupillen willen omgaan.'

gelijkheid en gelijkwaardigheid

Deze visie trok alternatieve jongeren en studenten aan om naar Dennendal te komen en daar de nieuwe maatschappij in praktijk te brengen. Want Muller vond wel dat de moderne wereld te hard was voor verstandelijk gehandicapten. Ze hadden een beschutte omgeving nodig. Het centrale begrip was 'verdunning'. De zwakzinnige zou niet in de (te) harde maatschappij gaan wonen, maar 'gewone' mensen zouden bij de zwakzinnigen gaan wonen: dat was verdunning.

In de visie van Muller bleef de instelling dus wel degelijk bestaan. Maar die instelling zou, bijna letterlijk, totaal op zijn kop moeten worden gezet. In de manier waarop het was ingericht, stond de directie bovenaan in de hiërarchie en de zwakzinnige stond helemaal

8 Het geschiedenisprogramma 'Andere tijden' van de VPRO zond op 3 december 2002 een programma uit over de Dennendal-affaire.

onderaan. Dat moest precies andersom: de zwakzinnige, degene om wie het uiteindelijk ging, moest bovenaan staan. De directie zou dan helemaal onderaan komen te staan en zou dienstbaar moeten zijn aan de zwakzinnige mens in de eerste plaats en de groepsleiders in de tweede plaats. Deskundigheid was niet belangrijk, het ging om de juiste instelling. Ook was het belangrijk dat groepsleiders zich prettig voelden: dat was een voorwaarde om de pupillen goed te kunnen begeleiden. Dit was revolutionair. Het was een begin van denken over de rol en plaats van groepsleiders. Misschien was het wel het moment dat ideeën over beroepshouding, attitude, voor het eerst werden benoemd. Voor het bestuur van Dennendal ging dit alles veel te ver, maar niet alleen voor hen. Niet alle groepsleiders waren blij met de manier waarop de zaken gingen: uit eigen gelederen kwam het verwijt dat er op Dennendal zo veel energie werd gestoken in de strijd met de 'regenten', zoals de directie werd genoemd, dat het ten koste ging van de zorg voor de pupillen. Maar Muller was net zo star, net zo weinig bereid water bij de wijn te doen, als de regenten die hij daarvan beschuldigde. Beiden vertegenwoordigden een heel ander wereldbeeld en beiden verbonden daaraan hun eigen machtspositie. Toen de strijd zo escaleerde dat er geen oplossing meer mogelijk was, dreigde er zelfs een kabinetscrisis over Nieuw Dennendal. Uiteindelijk koos minister-president Den Uyl in maart 1974 de kant van het bestuur en gaf de politie de opdracht om in te grijpen. De medewerkers werden door tientallen politiemensen gearresteerd, honderden bezetters en sympathiserende ouders op straat gezet en de pupillen per bus naar een andere inrichting afgevoerd.

deskundigheid niet belangrijk

JOLANDA VENEMA
In Dennendal lukte het niet, maar er waren in die tijd meerdere initiatieven om de zorg menselijker te maken. Dennendal is beroemd geworden om de vergaande consequenties die Muller uit zijn visie wilde trekken en de dramatische afloop, maar hij was niet de enige die dergelijke opvattingen had en ze ook in de praktijk bracht. Op verschillende andere plaatsen in het land kwamen woningen die voorlopers waren van de gezinsvervangende tehuizen (GVT's). Er bestond een groot geloof in de maakbaarheid van de mens, in vrije ontplooiing voor iedereen. Het oude inrichtingsregime was daarmee op zijn retour; niet alleen in de zorg voor mensen met een verstandelijke beperking, maar ook voor psychiatrische patiënten, voor kinderen en jeugd en zelfs in de gevangenissen. Het toverwoord werd 'normalisatie'. Iedereen had recht op een normaal leven, iedereen moest nor-

normalisatie

maal worden behandeld, iedereen mocht zelf bepalen wat goed voor hem of haar was.

Hoe moeilijk dat in de praktijk was te brengen, bleek uit een andere geruchtmakende zaak, de zaak van Jolanda Venema. In 1988 verscheen op de voorpagina van een landelijk dagblad een foto. Wie die foto heeft gezien, vergeet hem nooit meer. Er was een jonge vrouw te zien, naakt en geketend. Toentertijd was Jolanda 22 jaar.[9] Ze woonde in een instelling voor verstandelijk gehandicapten te Assen. Ze leek onbehandelbaar en vertoonde agressief gedrag. Vijf jaar lang werd ze vastgebonden in de isoleercel – meestal naakt. Naar aanleiding hiervan installeerde de hoofdinspecteur van de Geestelijke Volksgezondheid een Commissie van Deskundigen. Van de analyse van de omstandigheden hoe het zover had kunnen komen, kunnen we nog steeds iets leren. In de eerste plaats gingen medewerkers in de instelling waar Jolanda leefde bij het verlenen van de zorg uit van extreme prikkelreductie, omdat men dacht dat te veel prikkels bij Jolanda probleemgedrag veroorzaakten. Daardoor was het leefklimaat extreem versimpeld. Ten tweede ging men ervan uit dat probleemgedrag hoorde bij de persoon, er onlosmakelijk mee verbonden was. Als derde factor noemt de commissie het feit dat er geen toekomstvisie was gebaseerd op Jolanda's mogelijkheden. Het hele regime was dus gericht op het beheersen van een moeilijke situatie. Volgens de commissie was er sprake van een neerwaartse spiraal, waarin elke oplossing een nieuw probleem creëerde. De zorgverleners waren geen wrede onmensen, maar werkers die niet meer wisten wat ze anders zouden kunnen doen. Ze misten eenvoudig de expertise, de deskundigheid waar Carel Muller zo wars van was, om de situatie het hoofd te bieden.

onhandelbaar en agressief gedrag

Een landelijk onderzoek toonde aan dat dergelijke situaties in de intramurale zorg voor verstandelijke gehandicapten veelvuldig voorkwamen. De regering stelde geld beschikbaar voor een groot onderzoek. Naar aanleiding van het onderzoek van de commissie werd een project opgezet om een manier te ontwikkelen om op een humanere wijze om te gaan met ernstig probleemgedrag. Centraal in die aanpak staat de agogische omgang met de persoon en niet het beheersen van de situatie.

beheersen of agogische omgang?

---

9 Jolanda Venema overleed op 22 juli 1999 op 33-jarige leeftijd.

De idealen in de zorg gaan niet langer over zorgzaamheid, maar hebben betrekking op normalisatie en integratie. Ze gaan nu over burgerschap: iedereen moet een zo normaal en zelfstandig mogelijk leven leiden, iedereen moet zoveel mogelijk deelnemen aan het maatschappelijke leven en het is de taak van de hulpverleners om cliënten daarin zo veel mogelijk te ondersteunen. De zorg dient afgestemd te zijn op de individuele cliënt. Niet langer is het aanbod bepalend, maar de vraag van de cliënt. Althans, dat is het ideaal.

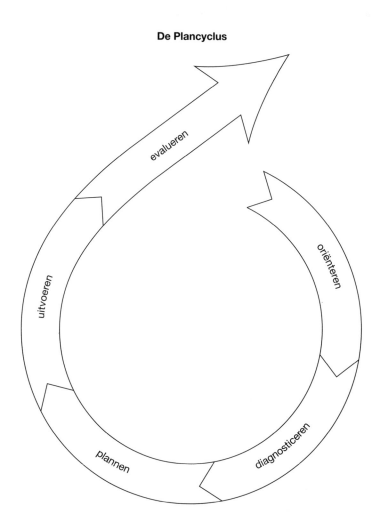

3 Tussen aanbod en vraag

In dit hoofdstuk beschrijf ik de beweging van aanbodgerichte naar vraaggerichte zorg van de laatste tien jaar, waarbij de cliënt centraal is komen te staan. Deze verschuiving is niet alleen het gevolg van een veranderend mensbeeld, waarbij iedereen, ook cliënten, als autonome burger wordt gezien. Het heeft ook te maken met een veranderende visie op de problematiek van cliënten: de ontwikkeling van een medisch model naar een zogenaamd holistisch mensbeeld, een totaalbeeld van de cliënt. Dat bespreek ik als eerste. Daarna ga ik in op de vraag in hoeverre er op dit moment sprake is van vraaggericht werken en bespreek ik de rol van de overheid. Ten slotte plaats ik het werken met de plancyclus in de huidige ontwikkeling van planmatig en doelgericht werken.

Van medisch model naar biopsychosociaal model

In gedrags- en menswetenschappen speelde lang de discussie inzake 'nature' versus 'nurture'. 'Nature' staat dan voor het feit dat de mens natuurlijke, aangeboren eigenschappen heeft waaraan je weinig kunt veranderen. Als er iets met mensen mis was, werd een verklaring gezocht in de biologisch-medische hoek en werden daar ook oplossingen gezocht. Dit biologische denken bood ook verklaringen voor alledaags gedrag. Aangeboren eigenschappen zouden bepalen hoe iemand zich voelt en gedraagt. In deze visie hebben bijvoorbeeld mannen en vrouwen aangeboren eigenschappen die bij hun sekse horen. Vrouwen zouden daarom zorgzaam zijn, wat hen geschikt maakte om thuis voor de kinderen te zorgen. De vrouwenbeweging in de jaren zestig en zeventig van de vorige eeuw bracht hierover een discussie op gang. Niet de aangeboren eigenschappen van een mens waren bepalend, zo was de redenering, maar de opvoeding ('nurture', van het Engelse woord voor 'voeden') of de sociale omstandigheden. 'Je wordt niet als vrouw geboren, je wordt tot vrouw gemaakt', zo luidde een van de slogans van de vrouwenbeweging. De democratiseringsbeweging uit diezelfde periode legde de nadruk

'nature' versus 'nurture'

op de maakbaarheid van de mens en benadrukte dat iedereen gelijk was en gelijke kansen verdiende. Hoewel dit soort denken tegenwicht bood aan het tot dan toe heersende medische model, schoot het soms te ver door. Er leek een weigering te bestaan om te erkennen dat mensen een lichaam hadden en dat dat lichaam invloed had op de manier waarop iemand in het leven stond.

aangeboren eigenschappen

Aan het eind van de 20ste eeuw ging de slinger weer in de richting van de medische hoek, al ging hij niet helemaal terug. Onderzoeken op diverse terreinen toonden aan dat aangeboren eigenschappen wel degelijk invloed hebben op iemands gedrag. Zo zou het feit dat vrouwen 'niet kunnen kaartlezen' voortkomen uit de andere hersenstructuur van vrouwen en zouden mannenhersenen minder geschikt zijn om talen te leren. Langzamerhand kwam in brede kring het besef dat biologische factoren er wel degelijk toe doen. Voor de goede orde: in de psychiatrie is het medisch denken nooit weg geweest. Onderzoek naar DNA speelt hierbij een grote rol, evenals onderzoek naar de werking van het menselijk brein, waar tegenwoordig veel aandacht (en geld!) voor is. Het beeld werd genuanceerder: biologische en sociale factoren spelen op elkaar in en kunnen elkaar versterken of afzwakken. Schizofrenie heeft bijvoorbeeld een erfelijke component, maar iemands leefstijl en de manier waarop iemands leven verloopt, zijn mede bepalend voor het feit of je de ziekte ook daadwerkelijk ontwikkelt.

lichaam, geest en de wereld rondom

De meeste auteurs die uitgaan van de idee dat je een mens als geheel moet bekijken, richten hun aandacht op drie hoofdaspecten: het lichaam, de geest en de wereld rondom ons. Belangrijk daarbij is dat de verschillende oorzaken en verschijnselen niet als losse problemen worden gezien, maar dat je juist uitgaat van de samenhang ertussen. De psycholoog Rigter schrijft in zijn boek over de ontwikkeling van stoornissen bij kinderen en jeugdigen:

> *'Het gedrag van een kind [wordt] zowel beïnvloed door factoren uit de omgeving van het kind als door factoren die uit het kind zelf voortkomen: individuele kenmerken zoals sekse, leeftijd, intelligentie, zelfbeeld. Omgevingsinvloeden kunnen we onderscheiden in invloeden van het gezin (de ouders en broertjes en zusjes, van school en leeftijdgenoten, van verschillende media (televisie, computerspelletjes, internet) en invloeden van verschillende normen en waarden. Het lijkt een open deur: alles is van invloed.' (Rigter, 2002: 20)*

Rigter gaat uit van de notie dat kinderen en jongeren unieke individuen zijn die unieke ervaringen hebben. Voor volwassen cliënten geldt natuurlijk hetzelfde. Misschien ook een open deur, maar het is een belangrijk uitgangspunt als je de cliënt centraal wilt stellen. Het is het allerbelangrijkste uitgangspunt bij het hanteren van een zogenaamd holistisch mensbeeld. Zo bestaat de gewoonte mensen met een verstandelijke beperking in te delen in ontwikkelingsleeftijden ('hij heeft het verstandelijke niveau van ongeveer een 2½- à 3-jarige'). Deze indeling kan je belangrijke informatie verschaffen over gedrag dat normaal is of kan worden verwacht in deze ontwikkelingsfase. Wat dat in het geval van deze unieke cliënt concreet betekent, weet je nog niet. Daarvoor zul je dieper moeten ingaan op de situatie van deze specifieke cliënt, die gewoon een volwassen persoon is, met zijn of haar eigen persoonlijkheid en levenservaring.

De psycholoog Kars gaat ook uit van drie invalshoeken, die hij als volgt benoemt: de biologisch-medische, de individueel-psychologische en de ecologische/sociaalpsychologische invalshoek. Hij benoemt deze invalshoeken als volgt:

biopsychosociaal model

> *'Kijken we vanuit de individueel-psychologische invalshoek, dan zien we de unieke, individuele mens met zijn persoonlijke eigenschappen, zijn karakter en zijn eigenaardigheden. Kijken we naar de medisch-biologische invalshoek, dan zien we de mens als biologisch wezen met in de eerste plaats een lichaam dat al dan niet in een goede conditie verkeert. Kijken we ten slotte vanuit de ecologische/sociaal-psychologische invalshoek, dan zien we een mens die in een bepaalde omgeving is geplaatst. Die omgeving bestaat uit andere mensen, maar ook uit een materiële omgeving.'* (Kars, 1995: 8)

Deze manier van denken wordt op verschillende manieren aangeduid, bij voorbeeld met systeemgericht werken, omdat je naar het hele systeem in en rondom de cliënt kijkt. Omdat deze term ook wordt gebruikt voor een specifieke manier van werken in de behandeling van gezinnen, kan dit verwarring wekken. Verschillende auteurs gebruiken het begrip 'biopsychosociaal model'. Deze term volg ik in dit boek. Ik zou de drie invalshoeken als volgt willen benoemen: het medisch-biologische niveau, het individueel-psychologische niveau en het sociale niveau. Alle auteurs die met dit model werken, benadrukken dat de verschillende invalshoeken niet los van elkaar kunnen worden gezien: de verschillende aspecten hangen samen en versterken elkaar. Bij het werken met de plancyclus is dat een belangrijk uitgangspunt.

Is het aanbod vraaggericht?

De laatste tien jaar zegt elke instelling vraaggestuurd of vraaggericht te werken bij het verlenen van zorg. Dat staat tegenover aanbodgericht werken, waarbij het aanbod van de instelling het uitgangspunt was en de cliënt zich daaraan moest aanpassen. Dat is tot in de jaren negentig het heersende model geweest in zorg- en hulpverlening. Bij vraaggericht werken richt de hulpverlening zich op datgene wat deze individuele cliënt nodig heeft. 'Zorg op maat' wordt het vaak genoemd. Het lijkt een ideaal waarover iedereen het eens is, maar een woord van waarschuwing is mijns inziens op zijn plaats. Het begrip 'vraaggericht werken' wordt zo vaak gebruikt dat het een zogenaamd containerbegrip dreigt te worden, of al is geworden: iedereen denkt te weten wat eronder wordt verstaan, en iedereen kan er een verschillende invulling aan geven. Het gevaar van zo'n containerbegrip is dat er geen discussie meer over is. In de praktijk zijn er waarschijnlijk grote verschillen in de manier waarop dit wordt ingevuld en wordt er waarschijnlijk meer aanbodgericht gewerkt dan we willen geloven.

Het idee van vraaggericht werken is voor een belangrijk deel ingegeven door ethische motieven. We gaan er, zoals gezegd, van uit dat cliënten (en patiënten) mondige en volwaardige burgers zijn. We zijn cliënten gaan zien als mensen die net als ieder ander recht hebben op participatie in de maatschappij en op zeggenschap over hun eigen leven en hun eigen toekomst. Daar hoort bij dat je je eigen leven mag inrichten zoals het jou goeddunkt en dat je mag wonen zoals jij wilt en waar je wilt. Cliënten die voorheen in een instelling woonden, gaan zelfstandig wonen in gewone wijken. Deze ontwikkeling wordt aangeduid als 'vermaatschappelijking in de zorg'. De hulpverlener biedt ondersteuning, maar heeft geen zeggenschap over leven en lot van de cliënt, moreel gezien niet en juridisch gezien evenmin. De relatie tussen cliënt en hulpverlener of begeleider is tegenwoordig ideaal gezien een samenwerkingsrelatie. Het maatschappelijke standpunt over de seksualiteit van cliënten illustreert deze ontwikkeling. Voor verschillende groepen cliënten in de zorg,

zorg op maat

samenwerkingsrelatie tussen cliënt en hulpverlener

bijvoorbeeld mensen met een verstandelijke beperking, gedetineerden en psychiatrische patiënten, werden seksualiteit en seksuele gevoelens lange tijd ontkend, genegeerd en zo nodig onderdrukt. Langzamerhand ontstond het besef dat alle mensen recht hebben op het beleven van seksualiteit en dat daarvoor in de zorg aandacht moet zijn. Inmiddels neemt een groot aantal instellingen standaard een paragraaf over seksueel functioneren van cliënten op in het zorgplan. Daarmee is niet gezegd dat de begeleiding op het terrein van seksualiteit altijd probleemloos verloopt, maar dat is bij mensen die niet zijn aangewezen op hulpverlening ook niet altijd het geval. Mensen met een verstandelijke beperking gaan tegenwoordig seksuele relaties aan en genieten ervan. Een direct gevolg is echter dat zij kinderen kunnen krijgen en dat gebeurt ook.

seksualiteit van cliënten

In 2002 bracht de Gezondheidsraad een advies uit waarin werd gesteld dat het ouderschap van mensen met een verstandelijke beperking met een IQ hoger dan 60 een gedifferentieerd beeld laat zien. Met ondersteuning kan dit ouderschap goed verlopen, maar het kan ook desastreus misgaan. Kinderen uit een dergelijke verbintenis zijn vaak zelf ook gehandicapt. Dat vraagt extra opvoedingsvaardigheden, die mensen met een verstandelijke beperking niet altijd in voldoende mate hebben. Maar ook als de kinderen wel normaal begaafd zijn, levert de opvoedingssituatie vaak problemen op. De Gezondheidsraad stelde dat ouderschap bij ouders met een IQ lager dan 60 niet goed lijkt te kunnen verlopen en dat dit ouderschap dan ook door hulpverleners zou moeten worden ontmoedigd. Uit het onderzoek dat hierop volgde bleek inderdaad dat het ouderschap van mensen met een verstandelijke beperking veelal problematisch verloopt, maar dat IQ op zich geen voorspellende factor is. Een goed sociaal vangnet en de bereidheid om hulp te accepteren waren vooral beschermende factoren. Die bereidheid hangt in hoge mate af van eerdere ervaringen van de ouders met hulpverleners.[1]

De maatschappelijke discussie over dit onderwerp laaide op naar aanleiding van de zaak van baby Hendrikus in 2009. Hendrikus was het zeer gewenste kind van een echtpaar met een verstandelijke beperking, dat zonder hulpverlening zelfstandig woonde. Beide ouders werkten in een sociale werkplaats. Ze stonden open voor hulp-

baby Hendrikus

---

1 Gezondheidsraad (2002). Naar aanleiding van dit advies liet het Ministerie van Welzijn, Volksgezondheid en Sport een onderzoek uitvoeren om de opvoedingssituatie van ouders met een verstandelijke beperking in kaart te brengen (de Vries, e.a., 2005).

verlening en hadden voldoende kennis van babyverzorging. Kort na zijn geboorte werd de baby in het ziekenhuis door de Raad voor de Kinderbescherming bij de ouders weggehaald en in een pleeggezin geplaatst, omdat er 'een groot risico op kindermishandeling' zou bestaan. Na een halfjaar mocht Hendrikus van de rechter terug naar zijn ouders, tegen de zin van de Raad voor de Kinderbescherming in, maar wel onder strenge voorwaarden: in de woning was van 's ochtends zeven tot 's avonds zeven uur begeleiding aanwezig en 's nachts werd Hendrikus 'bewaakt' met een webcam. De zaak kwam uitgebreid in de media, met foto's van het mooi opgemaakte lege wiegje in het huis van de ouders. Opvallend was dat de publieke opinie aan de kant van de ouders leek te zijn: men vond dat zij op zijn minst de kans moesten krijgen te bewijzen dat ze goede ouders konden zijn. Nagenoeg alle deskundigen waren echter kritisch over dit ouderschap en over het feit dat het alleen met zo veel begeleiding mogelijk was. Het belang van het kind werd daarbij vooral genoemd, maar ook het kostenaspect van zo veel begeleiding.

Met dit voorbeeld raken we misschien wel aan de grenzen van het ideaal van het autonome burgerschap van mensen met een beperking. In feite gedroegen de ouders van Hendrikus zich helemaal volgens dit ideaal en toch werd er ingegrepen. In de praktijk ontmoedigen hulpverleners regelmatig de kinderwens van ouders met een verstandelijke beperking en begeleiden ze mensen met het accepteren van het feit dat het ouderschap voor hen niet zal zijn weggelegd. Nu de vermaatschappelijking in de zorg een aantal jaren bezig is, geven deskundigen en hulpverleners signalen dat het niet voor iedereen goed is om al dan niet zelfstandig 'in de wijk' te wonen.

Een goede hulpverlener gaat uit van de vragen en wensen van de cliënt. Bij het bepalen van doelen houdt hij rekening met de mogelijkheden en beperkingen van de cliënt. Dit om te voorkomen dat er onhaalbare en onrealistische doelen worden gesteld. Ook houdt de hulpverlener rekening met de mogelijkheden en beperkingen van de instelling en van het team. En ten slotte begeeft de hulpverlener zich op het pad van de moraal. Hij vraagt zich niet alleen af of hij aan de vraag kan en wil voldoen, maar ook of hij er ethisch gezien aan mag voldoen. Hierover ga je met de cliënt in gesprek, in dialoog, om samen te bepalen welke doelen worden gesteld. Kun en wil je niet aan de vraag voldoen, dan is dat helder. Dat hoort geen persoonlijke keus van de werker te zijn, maar een keus die door de instelling als geheel wordt gedragen. Dan heeft de cliënt de keus of hij in deze

dialooggestuurd werken

instelling wel op de goede plek is. Ik spreek dan ook liever niet van vraaggestuurd werken, maar van dialooggestuurd werken.

DE TERUGTREDENDE ...

De politiek ondersteunt de gedachte van vraaggericht werken met verschillende maatregelen. Een wettelijke regeling als de Wet op de geneeskundige behandelingsovereenkomst (WGBO) geeft de cliënt zeggenschap over de behandeling die hij of zij al dan niet zal ondergaan. Patiënten en cliënten hebben daarbij recht op inzage in hun eigen dossier. In de nieuwe Wet zorg en dwang[2] wordt bepaald dat chronisch zieken (mensen met een verstandelijke beperking en mensen met dementie) niet meer mogen worden vastgebonden (gefixeerd) met een Zweedse band of met andere middelen om te voorkomen dat ze zullen vallen. Dat past niet in de manier waarop we naar cliënten kijken. De terugtredende overheid legt een deel van de verantwoordelijkheid hiervoor uitdrukkelijk bij de hulpverleners, die in de begeleiding alternatieven voor vrijheidsbeperkende maatregelen moeten ontwikkelen. Het betekent in veel instellingen een cultuuromslag, die alleen kan worden gemaakt als de hele instelling, van het hoogste management tot de mensen op de werkvloer, eraan meewerkt. In veel instellingen is dit initiatief enthousiast ontvangen, wat iets zegt over de bereidheid de cliënt werkelijk centraal te stellen.

wettelijke regelingen

De overheid vraagt van zorgaanbieders om meer samen te werken dan in het verleden gebeurde. Elke cliënt is immers uniek en heeft een eigen aanpak voor zijn of haar hulpvraag nodig. Dat betekent niet dat er helemaal geen standaardaanbod meer is, maar wel dat het aanbod flexibel op de vraag van de cliënt wordt afgestemd. Dat gebeurt bijvoorbeeld door middel van zorgprogrammering. Een zorgprogramma beschrijft alle vormen van behandeling die voor de problematiek van een specifieke doelgroep of een bepaalde diagnose mogelijk zijn. Het gaat dan uitdrukkelijk om behandelingen of interventies waarvan op grond van wetenschappelijk onderzoek of van praktijkervaringen is gebleken dat ze werken. Elke cliënt krijgt een voorstel voor een behandelplan, waarin wordt gekeken welke onderdelen van het zorgprogramma aansluiten op zijn of haar situatie en

samenwerkende zorgaanbieders

---

2 Deze wet zal de Wet Bijzondere Opnemingen in Psychiatrische Ziekenhuizen (Wet BOPZ) vervangen. Op het moment dat dit boek wordt geschreven, is de wet nog in voorbereiding, maar hij zal waarschijnlijk in 2011 in werking treden. Het thema valpreventie is slechts een klein onderdeel van de wet. Voor meer informatie zie www.zorgvoorvrijheid.nl.

problematiek. In het uiteindelijke behandelplan staan naast samenwerkingsafspraken geprotocolleerde werkinstructies, richtlijnen en handvatten voor alle betrokken hulp- en zorgverleners.

ketenzorg

Ketenzorg is de jongste loot aan de samenwerkingsstam van de hulpverlening. Het gaat daarbij niet om behandeling, maar om het afstemmen van de opeenvolgende stappen van een hulpverleningsketen. Eén persoon, bijvoorbeeld een casemanager, voert de regie over het proces, waarin het probleem of de vraag van de cliënt centraal staat. Het doel kan bijvoorbeeld zijn om iemand met dementie zo lang mogelijk thuis te laten wonen door zowel de patiënt als de mantelzorger te ondersteunen. De ketenpartners gaan uit van een gemeenschappelijke visie en kennen elkaars mogelijkheden én de knelpunten in de keten.

Zowel zorgprogrammering als ketenzorg zijn niet alleen bedoeld om zorg op maat aan de cliënt te leveren, maar ook om kostenefficiënt te werken en om ernstige maatschappelijk problemen, veroorzaakt door uiteenlopende groepen zoals overlastgevende jongeren en het toenemend aantal mensen met dementie, effectief aan te pakken. Samenwerking van verschillende aanbieders is dan een vereiste. Door de mensen zoveel mogelijk in hun eigen omgeving te helpen, worden kosten bespaard. Van hulpverleners wordt door deze ontwikkelingen in toenemende mate verwacht dat ze interdisciplinair kunnen werken en dat ze verantwoording kunnen afleggen over het resultaat van de gezamenlijke hulpverlening.

financiering en autonomie

Met de inrichting van de financiering van zorg en hulpverlening bevordert de overheid de autonomie van de cliënt en daarmee het vraaggerichte werken. Met maatregelen als het 'rugzakje' en het 'persoonsgebonden budget' kunnen cliënten in principe zelf bepalen waar en bij wie ze hun zorg en hulp inkopen. Dit kan gevolgen hebben voor instellingen, omdat de cliënt daadwerkelijk klant wordt. Als hij niet tevreden is, zal hij de zorg eventueel elders kunnen kopen. Hetzelfde kan hij doen als hij dezelfde zorg ergens anders goedkoper kan krijgen. Dit bevordert de marktwerking in de zorg. Via de Wet maatschappelijke ondersteuning (WMO) beoogt de overheid om zorgaanbieders met elkaar te laten concurreren bij het aanbesteden van zorg. Op deze manier kunnen ook commerciële initiatieven hun intrede doen in de zorg. Goedkoper en efficiënter werken gaat dan mogelijk uiteindelijk boven kwaliteit in de zorg (Bijlsma & Janssen, 2008: 223).

Op lokaal niveau bestaan er loketten voor burgers, waar ze terechtkunnen voor het doen van aanvragen, bemiddeling en advies. Burgers zouden door dit alles meer keuzevrijheid en meer regie over hun eigen zorgproces krijgen. Daar valt nog wel een kanttekening bij te maken. Alle regelingen zijn dermate ingewikkeld dat je bijna een deskundige moet zijn om je weg erin te vinden. Mensen met een beperking en mensen met een laag opleidingsniveau kunnen daar problemen mee hebben. In de documentaire 'IJburg Angels' is te zien hoe een groep Amsterdamse ouders uit onvrede met de bestaande hulpverlening een eigen woongroep wil opzetten voor hun zes rolstoelgebonden dochters met een verstandelijke beperking.[3] Het was een proces van jaren, waarbij men af en toe de moed verloor in de bureaucratie en elkaar tegenwerkende instanties. Alleen door het enorme doorzettingsvermogen en een gigantische tijdsinvestering van de ouders is de woongroep 'Eigenwijs' er uiteindelijk gekomen.

bureaucratie

... EN CONTROLERENDE OVERHEID

De centrale overheid treedt dus op een aantal gebieden terug en laat de markt en samenwerkende partners het werk doen. Tegelijkertijd wil de overheid meer toezicht houden op wat er in de hulpverlening gebeurt door registratie en verantwoording te vragen van hulpverleners. Instellingen zijn tegenwoordig verplicht een kwaliteitskeurmerk te krijgen. Dit keurmerk heeft vooral betrekking op de manier waarop men 'de papieren zorg' op orde heeft. Dat brengt een enorme berg papierwerk met zich mee. Voor mensen die niet (geheel) zelfstandig kunnen wonen, wordt een indicatie gesteld van hoeveel zorg iemand nodig heeft voor zaken als wonen, verzorging, behandeling en dagbesteding. Dat wordt vastgesteld met een zorgzwaartepakket, waarbij een bepaalde hoeveelheid geld hoort. Het is een gedetailleerd systeem, waarin precies vastligt hoeveel uren aan verschillende zaken mogen worden besteed. Werkers in verschillende sectoren klagen dat ze door de toegenomen controlezucht en regelgeving van de overheid niet meer aan het echte werk toekomen. Het verhoudt zich moeizaam met datgene wat werkers als het wezenlijke van hun werk beschouwen: het begeleiden van de cliënt in een agogische relatie.

registratie en verantwoording

---

3   Deze tweedelige documentaire van Claudia Tellegen werd in 2008 uitgezonden door de NCRV.

Maar ook voor de burgers zelf kan de controle van de overheid knellend zijn. Het kabinet-Balkenende IV heeft bepaald dat in 2011 elke gemeente minimaal één Centrum voor Jeugd en Gezin moeten hebben. Ook hier is het doel de lokale samenwerking in de zorg rondom een kind en het gezin te stimuleren. Opvoedingsondersteuning zal worden aangeboden, desnoods verplicht. Door middel van een Elektronisch Kind Dossier zal de overheid allerlei verschillende informatie over een kind en zijn situatie kunnen opslaan. Critici menen dat dit de privacy van mensen aantast; de overheid is van mening dat het nodig is om problemen vóór te kunnen zijn.

samenwerking op lokaal niveau

Planmatig werken

Zoals we in het vorige hoofdstuk zagen, is doelgericht werken op zich niet nieuw. Wel nieuw is het systematisch vastleggen van gegevens van cliënten en het gebruik van papieren (en digitale) instrumenten om doelmatig werken te bevorderen. Ook nieuw is de toenemende controle op de doelmatigheid en effectiviteit van de kant van de overheid. Als werker ben je verplicht verantwoording af te leggen tegenover de plaatsende instantie en de subsidiegever.

Een van de instrumenten die daarvoor worden gebruikt, is een plan, dat in verschillende instellingen wordt aangeduid met andere benamingen. In de Jeugdhulpverlening is er sprake van een hulpverleningsplan. In andere settings is er sprake van een begeleidingsplan of ondersteuningsplan. In de psychiatrische ziekenhuizen is er sprake van een verpleegplan of behandelplan. In residentiële instellingen wordt vaak gesproken van een zorgplan, maar ook wordt tegenwoordig de term 'leefplan' gebruikt, warmee wordt aangeduid dat het bereiken van kwaliteit van leven centraal staat. Hierna gebruik ik de term 'zorgplan' voor dergelijke plannen.

een plan bevat een perspectief

Een zorgplan is een globaal en volledig overzicht van hoe het leven van de cliënt eruitziet, wie de cliënt is en welke zorg hij nodig heeft. In een dergelijk plan is het profiel van de cliënt opgenomen. Het gaat dan niet alleen om wat de cliënt niet kan, de beperkingen, maar vooral ook om zijn mogelijkheden. Een zorgplan bevat een weergave van het perspectief, datgene wat de zorgvrager en de hulpverlener op de langere termijn willen bereiken. Op basis daarvan worden globale doelen voor de toekomst gesteld. Vaak worden die doelen omgezet in een concreet werkplan voor de kortere termijn. Als het goed is, wordt een zorgplan niet alleen geschreven door de hulpverlener, maar door de hulpverlener en de cliënt samen (van Gemert & Vlaskamp, 1997). Een zorgplan in de residentiële hulpverlening is meestal bedoeld voor de langere termijn, gemiddeld anderhalf tot twee jaar. Bij ambulant werken zal een plan worden gemaakt voor de vermoedelijke duur van de hulpverlening. Een goed zorgplan wordt regelmatig bijgesteld en geëvalueerd; ook hier is sprake van een cyclus.

De plancyclus waarover ik het in dit boek heb, past in het werken met zorgplannen. Meestal zal er een directe aanleiding zijn om met een bepaalde cliënt nader naar specifiek gedrag te gaan kijken. Dat zal zijn wanneer zich concrete problemen voordoen. Ook is het mogelijk dat een cliënt nieuwe wensen of nieuwe plannen heeft en dat je de mogelijkheden daarvan gaat onderzoeken. Het doorlopen van de plancyclus mondt uit in een diagnostisch observatieverslag met een bijbehorend concreet handelingsplan, gericht op de korte termijn. Tussen een dergelijk plan en het globale langetermijnplan bestaat wel degelijk verband: het observatieverslag, het handelingsplan en de evaluatie van de uitvoering bieden aanknopingspunten om het plan voor de lange termijn te kunnen bijstellen.

De volgende hoofdstukken gaan over de verschillende stappen van de plancyclus.

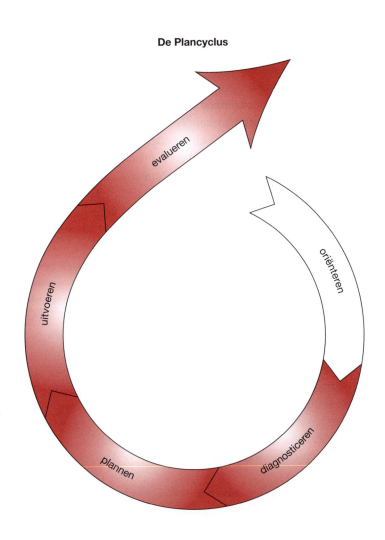

4 Oriënteren

In dit hoofdstuk beginnen we met het doorlopen van de plancyclus. De eerste fase is die van de oriëntatie. In deze fase onderzoeken we onze eigen indruk van de problemen en doen we een eerste onderzoek naar het probleem zelf. Het resultaat van deze fase is een concrete en duidelijk omschreven probleemdefinitie, waarover alle betrokkenen het eens zijn.

Signaleren

Aan de hand van de casus over John gaan we beginnen met het startpunt van de oriënterende fase: het signaleren.

John isoleert zich

John, een man van 33 jaar, woont sinds een halfjaar zelfstandig in een woonvoorziening voor mensen met een verstandelijke beperking. Hij beschikt over een eigen kamer; wc en douche deelt hij met anderen. Bewoners hebben geen eigen keuken, maar halen hun eten in een gemeenschappelijke keuken. Er is een gezamenlijke ruimte waar bewoners kunnen eten, maar John eet liever alleen. Vier dagen in de week gaat John overdag naar het dagactiviteitencentrum. Op donderdag, zijn vrije dag, gaat John uit. Hij maakt er dan voor zichzelf een gezellige dag van.

John zit zelden in de gemeenschappelijke ruimte. Hij houdt van tv-kijken op zijn kamer of hij luistert er naar een van zijn vele cd's – een collectie waarop hij trots is. John heeft zijn eigen ritme en bezigheden en gaat het liefst zijn eigen gang. Hij wordt graag met rust gelaten en houdt er niet van als anderen zich te veel met hem bemoeien. Als er in de woonvoorziening een feestje is, komt hij soms wel en lijkt het dan naar zijn zin te hebben.

> In het verleden heeft John geregeld een psychose gehad. Hij slikt daar nu medicijnen voor. Hij neemt zijn medicijnen trouw volgens voorschrift in. Toch is het team heel bezorgd over wat zij als 'het eenzelvige gedrag' van John zien. Ze zijn bang dat John weer in een psychose zal raken. 'Hij isoleert zich zo', zeggen ze en ze maken plannen om hem meer tijd in de gemeenschappelijke ruimte te laten doorbrengen en hem zo bij de andere bewoners te betrekken. Het team wil beginnen hem gezamenlijk met anderen de maaltijd te laten gebruiken.

signaleren: iets opmerken en er betekenis aan toekennen

Het team signaleert hier een probleem: John isoleert zich. Maar wat is signaleren eigenlijk? Signaleren is niet meer en niet minder dan iets opmerken en daaraan betekenis toekennen. Als hulpverlener neem je de hele dag door waar. Het is een van je belangrijkste taken. Als je iets signaleert wat je als een probleem of als probleemgedrag beschouwt, is het eerste wat je je moet afvragen: wát valt mij precies op? Omschrijf dat zo nauwkeurig mogelijk in termen van concreet gedrag. Woorden als 'agressief', 'storend' of 'automutileren' kun je beter niet gebruiken, omdat iedereen daaronder iets anders kan verstaan. Beschrijf liever precies wát iemand doet. Als dat niet lukt, weet je nog niet duidelijk genoeg om welk gedrag het gaat en moet je eerst gericht gaan observeren om te kijken waaruit het gedrag precies bestaat. 'John isoleert zich' is geen goede omschrijving, omdat er in feite al een conclusie wordt getrokken. Beginnen met de conclusie is een van de grootste fouten die je kunt maken bij het doen van diagnostisch onderzoek. In plaats daarvan is het beter om het gedrag dat je opmerkt zo precies mogelijk te omschrijven. Bijvoorbeeld: 'John eet nooit met andere cliënten en brengt zijn avonden alleen op zijn kamer door met tv-kijken en cd's beluisteren.' Misschien wat minder spectaculair, maar dat is wat je hebt gezien. Bovendien bevat deze omschrijving geen probleem: je onderzoek kan nog alle kanten opgaan. Die feitelijke omschrijving stelt je in staat om uit te gaan van de situatie zoals deze ís en niet zoals het volgens jou zou moeten zijn. Want dat jij in eerste instantie een problematische betekenis hebt toegekend aan datgene wat je hebt gesignaleerd, betekent niet dat er ook inderdaad een probleem is. Misschien ligt het feit dat je een probleem ziet wel bij jou!

DE EIGEN INDRUK VAN DE HULPVERLENER

Het is onvermijdelijk dat jij naar het gedrag van de cliënt kijkt met je eigen subjectieve blik. De psychologische theorie over persoonswaarneming (Rigter, 2008) maakt duidelijk dat het niet toevallig is of je wel of niet iets opmerkt. We merken vooral veranderingen en afwijkingen op. In de woonvoorziening van John wonen 22 mensen en er is over het algemeen een druk huiselijk verkeer. Iemand die zich daaraan onttrekt, past niet in het grotere patroon en valt dan sneller op dan bijvoorbeeld in een woonvoorziening waar mensen weinig contact met elkaar hebben.

Signaleren zegt vaak meer over jezelf dan over de cliënt. Daarom is het altijd nodig om meteen aan het begin van de plancyclus naar jezelf te kijken en je af te vragen: waarom valt mij dit op? Vind ik dit gedrag hinderlijk en waarom? Welke factoren bij mijzelf spelen daarbij een rol en welke factoren bij de cliënt? En waarom ken ik er deze betekenis aan toe en geen andere? Waarom noem ik het 'isoleren' en niet 'lekker zijn eigen gang gaan'? Je doet er goed aan om je bewust te zijn van je eigen subjectieve waarneming en om deze indruk *expliciet* te maken, dat wil zeggen: uit te spreken. Je maakt jezelf daarmee controleerbaar. De eersten met wie je daarover in gesprek gaat, zijn je collega's. Je gaat jouw indruk vergelijken met de indruk die zij van de cliënt en het gedrag hebben. Hebben zij hetzelfde waargenomen en hebben zij er dezelfde betekenis aan toegekend? Als je de subjectieve indrukken van verschillende mensen met elkaar vergelijkt, kom je tot een gezamenlijke indruk. We spreken dan van *intersubjectiviteit*.

intersubjectiviteit

In dit geval delen de collega's dezelfde indruk, maar wie heeft hier nu eigenlijk een probleem? Op basis van de informatie die er nu is, is 'lekker zijn gang gaan' goed te verdedigen, zo niet beter. Niets in deze casus wijst erop dat John een probleem heeft. Deze tweede omschrijving zou trouwens net zo sturend zijn als 'zich isoleren'! Het lijkt er eerder op dat het team een probleem heeft: angst voor een psychose lijkt ten grondslag te liggen aan het label 'isolement'. Die angst heeft weer een andere oorzaak: het feit dat het team niet voldoende kennis in huis heeft voor het omgaan met een psychose. Informatie zoeken[1] en een deskundige om advies vragen ligt dan eer-

wie heeft er een probleem?

---

1 Het Trimbos-instituut is het landelijk kennisinstituut voor geestelijke gezondheidszorg, verslavingszorg en maatschappelijke zorg. Op de website van dit instituut (www.trimbos.nl) is voor zowel patiënten als hulpverleners een schat aan informatie te vinden over psychische stoornissen en hun behandeling.

der voor de hand dan John te stimuleren (forceren?) om met zijn medebewoners te eten. Dit zou bovendien ingaan tegen de visie van deze instelling voor zelfstandig wonen. In het ergste geval zou het voor John veel stress kunnen opleveren, iets wat eerder een risicofactor voor een psychose is dan jezelf terugtrekken. De begeleiders zouden dan precies het tegenovergestelde bereiken van wat ze willen.

DE CONTEXT VAN DE INSTELLING

De instelling waar je werkzaam bent, en waarvan je dus deel uitmaakt, kan invloed hebben op de indruk die je van een cliënt hebt. De visie van de instelling op hulpverlening en de problematiek van cliënten bepaalt mede je blik. Ook de manier van werken in de instelling, de methodiek, is daarin sturend. Daarnaast hebben maatschappelijke discussies, zoals die in het vorige hoofdstuk zijn besproken, invloed op je manier van kijken. Bij het onderzoeken van de subjectieve indruk van de hulpverleners is het daarom nodig om vragen te stellen over de invloed die de context van de instelling heeft op de manier van kijken. Een instelling die als doel heeft de cliënten te activeren en te begeleiden naar een zelfstandig leven zal 'afhankelijk gedrag' van cliënten eerder als probleem beschouwen dan een instelling die een veilige leefomgeving wil creëren voor mensen die niet voor zichzelf kunnen zorgen.

visie van de instelling

> **Aandachtspunten bij het beschrijven van de context**
> Geregeld moet je als hulpverlener voor derden een verslag maken over een cliënt. Een dergelijk verslag moet altijd beginnen met een beschrijving van de context. Daarin kunnen, afhankelijk van degene aan wie het verslag is gericht, de volgende punten en vragen van belang zijn.
> – De setting waar je werkt (residentieel, semiresidentieel of ambulant) en jouw functie daarin.
> – Indien nodig: de juridische kaders van de hulpverlening (vrijwillige of gedwongen hulpverlening).
> – Aard van de problematiek van de doelgroep: Wat zijn in het algemeen de mogelijkheden en beperkingen van de mensen met wie je werkt? Is er sprake van contra-indicaties, dat wil zeggen: redenen waarom mensen in jullie setting niet kunnen worden opgenomen, behandeld of begeleid?
> – Specifieke informatie over de demografische achtergrond van de doelgroep, voor zover van belang (bijv. leeftijd, geslacht, maatschappelijke achtergrond, religie).

- Het instellingsdoel (hulp- of dienstverlening, verzorging, begeleiding, behandeling of preventie) en het specifieke doel van de afdeling in kwestie.
- De visie van de instelling op de problematiek en de hulpverlening en de specifieke vertaling daarvan naar de afdeling in kwestie.
- De instellingsmethodiek en de specifieke vertaling daarvan, en de methoden die worden gebruikt om de doelen te bereiken.
- De hulpvraag van de cliënten zelf en de manier waarop hulpvraag, aanmelding en plaatsing totstandkomen.
- Als het om een (semi)residentiële setting gaat: samenstelling van de bewoners- of cliëntengroep en de manier waarop mensen daar wonen of werken.
- Eventueel relevante groepsdynamische aspecten van de cliëntengroep.
- Samenstelling van het team: functies, opleidingsniveau, dienstjaren, leeftijd, geslacht en eventueel personele en groepsdynamische aspecten.
- Samenwerking met anderen, zoals leden uit het netwerk van de cliënt, vrijwilligers, medici of (gedrags)deskundigen, leerkrachten of politie.
- Informatie over de sociaaleconomische context van wijk of buurt.
- Eventueel: specifieke omstandigheden die nodig zijn om het gesignaleerde probleem als buitenstaander te kunnen plaatsen.

Er is nog een reden waarom je jezelf bewust moet zijn van de context: het bepaalt niet alleen hoe je tegen problemen en probleemgedrag aankijkt, maar het geeft ook aan welke mogelijkheden je hebt. Je zult rekening moeten houden met de beperkingen die de context stelt. Je handelen zal moeten passen in de visie, het beleid en de methodiek van de instelling. Dit betekent niet dat je nooit zou mogen afwijken. Integendeel, de manier van werken ontwikkelt zich voortdurend en als SPH'er heb je daar een taak in. Je zult dan wel moeten kunnen verantwoorden waarom je het anders doet. Bovendien geeft een goede contextbeschrijving een beeld van de mogelijkheden die je tot je beschikking hebt aan middelen en expertise.

context geeft beperkingen én mogelijkheden

Problematiseren

Als je iets signaleert wat je als probleem of als probleemgedrag beschouwt, is het nog helemaal niet zeker dat er werkelijk een probleem ís. Het onderzoeken van je eigen waarneming en indruk en die vergelijken met die van anderen is een eerste stap om dat vast te stellen. Misschien kom je op basis daarvan al tot de conclusie dat er bij nader inzien helemaal niks aan de hand is met de cliënt. Het is het begin van *problematiseren*: het stellen van onderzoekende vragen om het probleem in kaart te brengen: welk gedrag hebben we gezien? Waar en wanneer doet het zich voor? Voor wie is het een probleem en waarom is het een probleem? Misschien doen mensen dingen op een manier waaraan jij niet gewend bent, maar is het op zich geen probleem. Dat kan het geval zijn als je werkt met mensen die uit een andere cultuur komen dan de jouwe. Het geval van meneer Quist hierna laat zien dat er ook binnen de Nederlandse bevolking verschillende 'culturen' bestaan. Bij het bespreken waarom iets een probleem is, gaat het over normen en waarden. Die kunnen botsen, zoals de casus van meneer Quist duidelijk maakt.

onderzoekende vragen

> **Meneer Quist zegt ongepaste dingen**
> Meneer Quist is een weduwnaar van 78 jaar met de ziekte van Alzheimer. Hij woont sinds twee maanden in een verpleeghuis in een kleinschalige woonvorm voor mensen met dementie. Hij woont daar met vijf andere bewoners, allemaal dames. Opvallend in zijn gedrag is het feit dat hij wel eens een hand over een bil van de vrouwelijke begeleiders laat dwalen en zijn taalgebruik. Regelmatig meldt hij in de woonkamer dat hij nog steeds een gezonde vent is, en dat hij 'hem nog wel eens uit zou willen laten'. Toen mevrouw Broertjes een keer wijdbeens zat met haar jurk nogal opgeschort zei hij: 'In die pruim zou ik nog geen bezemsteel willen steken, geef mij maar een verse!' Het leek niet tot mevrouw door te dringen, maar een gedeelte van de begeleiders vindt de opmerkingen zeer ongepast en voelt zich er erg ongemakkelijk bij. Men weet niet goed hoe men het best op dit gedrag kan reageren. Begeleider Bert heeft met meneer Quist te doen en gaat met zijn kinderen in gesprek. Meneer Quist heeft zijn hele leven in de haven van Rotterdam gewerkt. Na het werk was hij niet vaak thuis, maar ging hij graag met zijn maten de kroeg in. Het is een echte 'mannenman'. Dat soort taal is dus helemaal niets bijzonders, zeggen de kinderen. Ze snappen niet

zo goed wat Bert nu wil. Het valt Bert op dat tijdens het gesprek met de kinderen de zoons net zulke grappen maken als meneer Quist.

De begeleiders van meneer Quist voelen zich ongemakkelijk, maar waarom? Ze benoemen het gedrag van meneer Quist als 'ontremd gedrag' of 'decorumverlies', iets wat bij mensen met dementie kan voorkomen (Heemelaar, 2008: 331). Bert duidt het gedrag als een signaal voor seksuele behoeften en wil een dame van de sociaalerotische dienstverlening voor meneer regelen. Als de collega's dat horen zijn sommigen diep geschokt: geen hoer over de vloer! De vraag is of meneer Quist zelf een probleem heeft en welk probleem dat dan is. Duidelijk is dat niet alle begeleiders hetzelfde probleem ervaren. Waarschijnlijk heeft dat te maken met ieders persoonlijke normen aangaande seksualiteit en taalgebruik. Er is in het team geen eenstemmigheid over de manier waarop met dit gedrag moet worden omgegaan. Het is de vraag of dit gedrag van meneer Quist als ontremd gedrag en dus als probleemgedrag moet worden bestempeld, als signaal van een onderliggend probleem. Het zou ook goed mogelijk zijn dat het gedrag een uiting is van gezondheid en vitaliteit en dus 'normaal' is. Dat betekent niet dat meneer Quist zomaar alles mag zeggen en zijn hand over elke bil mag laten dwalen: net als de andere bewoners moet hij zich houden aan de normen van de woongroep. Onderzoek en planning zullen dan daarop gericht moeten zijn, en hoe het team meneer Quist hierin zal gaan begeleiden. Maar dan zal het team eerst gezamenlijk moeten bepalen wat wel en niet acceptabel is. Het verpleeghuis wil dat mensen zoveel mogelijk hun leven van vroeger kunnen voortzetten, maar waar ligt de grens?

Het is belangrijk om je af te vragen of mogelijke oorzaken van het probleem in de context zijn gelegen, zoals omstandigheden in de woonsituatie, het team, de organisatie of de wijk. Over het algemeen kun je zeggen dat in residentiële en semiresidentiële instellingen mensen verblijven die niet voor elkaar hebben gekozen: het lot brengt ze samen en dat verloopt niet altijd even goed. De plaatsing van meneer Quist tussen louter dames was misschien minder gelukkig. Door het bestaan van lange wachtlijsten komt het voor dat cliënten in een woning of een groep komen, waar ze wat betreft problematiek niet goed passen. Dat levert problemen op voor iedereen.

de context als probleemveroorzaker

Ook andere omstandigheden kunnen problemen veroorzaken; denk maar aan de leefgroep die naar een nieuw pand verhuist, het team dat wordt geteisterd door ruzie, ziekte en zwangerschapsverlof, de instelling waar een reorganisatie gaande is, zodat niemand meer weet waar hij volgende maand zal werken, of waar ernstig moet worden bezuinigd, zodat er geen tijd en geld meer is om cliënten individuele aandacht te geven. Het is daarom altijd goed om je af te vragen of er wel een probleem is met de cliënt zelf, of dat het een probleem in de context is. In dat geval zal er eerder iets aan die context moeten veranderen dan aan de cliënt.

Het gedrag is misschien beter te begrijpen als je het plaatst in het algemene beeld van de cliënt. Zo nodig ga je op zoek in het dossier en in het zorg- of ondersteuningsplan van de cliënt, je kijkt in rapportages en je verzamelt aanvullende informatie bij anderen. Je vormt je een beeld van de levensloop en de levensfase waarin de cliënt zich bevindt. Je maakt een persoonsbeschrijving van de cliënt en je gebruikt daarbij het biopsychosociale model: je probeert op medisch-biologisch, individueel psychologisch en sociaal niveau de mogelijkheden *en* de beperkingen van de cliënt *op dit moment* in kaart te brengen. Deze informatie vormt in de diagnostische fase de basis om hypothesen te stellen. Concentreer je daarbij heel uitdrukkelijk op wat de cliënt wél kan, op zijn sterke kanten en mogelijkheden, en niet alleen op wat hij niet kan. Uitgaan van mogelijkheden is een van de beste manieren om je niet blind te staren op de handicap, de beperking, de ziekte, de gekte of het gedragsprobleem, maar om de cliënt als een geheel mens te zien, met een geschiedenis, een levensverhaal, met dingen die hij graag doet of juist niet, met contacten, vriendschappen en liefdes, met liefhebberijen en dingen waaraan hij de pest heeft, en dingen waar hij goed in is. Kun je een logica ontdekken in het feit dat de cliënt *op dit moment* dit gedrag laat zien? Is er iets specifieks gebeurd dat het gedrag heeft getriggerd, 'uitgelokt'? En waarom laat de cliënt juist dit gedrag zien? Waarvan zou het een signaal kunnen zijn?

mogelijkheden en sterke kanten

De volgende vragen zijn een goed hulpmiddel bij het problematiseren.

> **Vragen bij het problematiseren**[2]
> – Wat heb ik gezien? Hebben anderen hetzelfde gezien?
> – Waar en wanneer vertoont de cliënt dit gedrag?
> – Wie heeft er een probleem? Hebben alle betrokkenen hetzelfde probleem?
> – Is het een probleem van de cliënt zelf of is het een probleem in de context rondom de cliënt?
> – Waarom is het een probleem?
> – Hoe past dit gedrag in het algemene beeld van de cliënt?
> – Is het gedrag mogelijk 'normaal' gezien de ontwikkelingsfase, stoornis of persoonlijkheid en hebben anderen problemen met het gedrag?
> – Waarom vertoont de cliënt *dit* gedrag en geen ander gedrag?
> – Waarom vertoont de cliënt *op dit moment* dit gedrag?

Met behulp van deze vragen maak je een probleemanalyse. Je probeert het probleem in kaart te brengen om tot een nauwkeurige omschrijving van het probleem te komen en je doet dat in samenspraak met anderen.

probleemanalyse

Tot nu toe heb ik het alleen gehad over je collega's. Maar je gaat ook met de cliënt zelf in gesprek. John, met wie we dit hoofdstuk begonnen, had misschien goed kunnen uitleggen dat er wat hem betreft geen enkel probleem was en dat hij zijn leven juist inricht naar wat hij prettig vindt. Toen Bert met meneer Quist ging praten, bleek meneer Quist geen behoefte te hebben aan sociaalerotische dienstverlening. Niet omdat hij geen behoefte aan seks zou hebben, want dat had hij wel, maar hij had in zijn hele leven nog nooit voor seks betaald en was niet van plan daar nu mee te beginnen. Wel had hij moeite met de 'vrouwenwereld' waarin hij was terechtgekomen.

Is de cliënt zelf niet in staat om met jou in gesprek te gaan, dan kun je overleggen met diens vertegenwoordigers. Ouders en familieleden worden niet altijd ingeschakeld, terwijl zij de cliënt van jongs af aan kennen en je dus waardevolle informatie over diens levensloop, karakteristieke gewoontes en eigenschappen kunnen geven. Zij noch jij hebben de wijsheid in pacht. Het betekent dat jullie samen je idee-

informatie van familie

---

2 Deze vragen zijn deels ontleend aan de twaalf stappen van Kars (1995, p. 33).

en en ervaringen kunnen afstemmen om zo tot een betrouwbaar beeld te komen.

is er wel een probleem?

Het is heel goed mogelijk dat je de oriënterende fase afsluit met de beslissing dat er überhaupt geen probleem is. Ook kan het zijn dat er eigenlijk helemaal geen probleem is met de cliënt, maar dat het om een probleem van het team gaat. In beide gevallen ga je niet de plancyclus met de cliënt doorlopen. Het is mogelijk dat je beslist dat er wel degelijk een probleem was, maar dat dit oriënterende onderzoek al voldoende duidelijkheid heeft opgeleverd om tot handelen te kunnen overgaan. Het gesprek met meneer Quist heeft al veel helderheid opgeleverd over wat meneer zelf als probleem ervaart. Ten slotte komt het regelmatig voor dat tijdens het oriënterende onderzoek het probleemgedrag als sneeuw voor de zon verdwijnt. In dat geval is het aannemelijk dat de extra aandacht die een oriënterend onderzoek met zich meebrengt, de sleutel tot de oplossing van het probleem is.

De probleemdefinitie

Als na het behandelen van alle vragen blijkt dat er een probleem is, omschrijf je dat probleem. Wat je dan formuleert, noemen we de probleemdefinitie (soms wordt dat ook wel de probleemstelling genoemd). Een probleemdefinitie is nadrukkelijk géén conclusie of diagnose en dus onthoud je je van het benoemen van oorzaken van gedrag. Als je woorden als 'omdat' of 'doordat' gebruikt, ben je dat toch aan het doen en moet je de probleemdefinitie opnieuw formuleren.

kernachtige omschrijving van het probleem

Een probleemdefinitie is een korte en kernachtige omschrijving van het probleem dat nader moet worden onderzocht. In de probleemdefinitie omschrijf je:
– sinds wanneer het gedrag voorkomt (een moment in de tijd of een gebeurtenis);
– het concrete gedrag van de cliënt of de concrete probleemsituatie. Als het gedrag van begeleiders of anderen deel uitmaakt van het probleem, omschrijf je dat ook. De omschrijving kan ook iets zijn wat de cliënt heeft verteld, zijn gevoel of beleving daarbij en waarvan jullie samen hebben vastgesteld dat het een probleem is;
– de situatie(s) waarin het voorkomt.

Waarom is een goede probleemdefinitie zo belangrijk? Zij geeft focus aan de diagnostische fase, omdat zij bepaalt wat er wel en niet bij dit probleem hoort. Het Latijnse woord 'finis' zit erin, wat betekent 'einde' of 'grens'. Je weet dus wat er binnen de definitie valt en wat niet. Daarmee geeft zij focus aan je onderzoek in de diagnostische fase.

probleemdefinitie geeft focus

Zo is het voor alle betrokken partijen (cliënt, familie of vertegenwoordigers, hulpverleners en eventuele derden) duidelijk over welk probleem het gaat en is iedereen het eens over het feit dat dit het probleem is dat moet worden onderzocht. De probleemdefinitie is het scharnier naar de volgende fase, namelijk de diagnostische of onderzoeksfase. Die begint met het stellen van hypothesen en daarover gaat het volgende hoofdstuk.

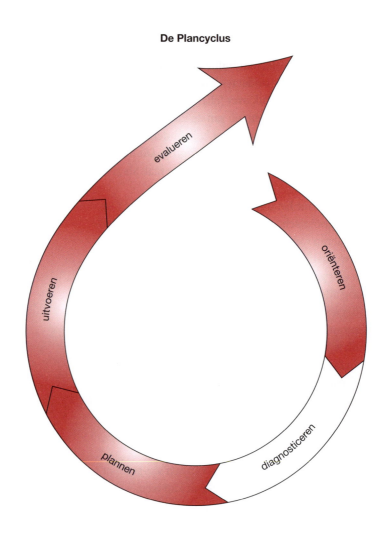

5 Het stellen van hypothesen

Met het formuleren van de probleemdefinitie is de oriënterende fase afgesloten. Van het oriënterende onderzoek maak je een verslag, zoals in het voorbeeld in dit hoofdstuk over Jelle. Zo zijn alle betrokkenen op de hoogte van het probleem en van de ideeën die erover leven. Het is verstandig dat één persoon het hele onderzoek coördineert en verantwoordelijk is voor de verslaglegging. Dit hoort, afhankelijk van de sector waar je werkt, mogelijk bij je taak als SPH'er.

De probleemdefinitie vormt het uitgangspunt van de tweede fase van de plancyclus: de diagnostische of onderzoeksfase. Het nader onderzoeken en analyseren van het probleem staat in deze fase centraal. Voor je daadwerkelijk kunt gaan onderzoeken, moet je beslissen wát je precies wilt gaan onderzoeken. Op basis van de probleemdefinitie kun je nog allerlei kanten op. In de oriënterende fase heb je al samen met collega's, en zo mogelijk met de cliënt, nagedacht over de achtergronden van het probleem. Aan het begin van de diagnostische fase gebruik je het biopsychosociale model om je gedachten over mogelijke oorzaken van de problemen of het probleemgedrag te ordenen en te formuleren. Deze gedachten noemen we hypothesen, ofwel veronderstellingen. Het gaat dus om dingen die je op basis van voorinformatie en eigen indrukken vermoedt, maar niet zeker weet en die daarom onderzoek behoeven.

We kijken nu aan de hand van een voorbeeld van een SPH-student hoe zo'n verslag van het oriënterend onderzoek eruit kan zien.

Jelle wil een bloedmooie vriendin
Oriënterend verslag over Jelle Beemsterboer
9 februari 2010
Activiteitencentrum Polderweg
Geschreven door: Petra van de Voort
Functie: activiteitenbegeleidster (duale student SPH)

Inleiding

Jelle is een man van 30 jaar, die dagelijks naar Activiteitencentrum Polderweg komt. Dit activiteitencentrum (AC) is bedoeld voor mensen met een lichamelijke beperking. Bij sommigen is dat aangeboren, anderen zijn later in hun leven gehandicapt geraakt. Bijna alle cliënten hebben een niet-aangeboren hersenletsel (NAH). We gaan ervan uit dat cliënten zoveel mogelijk de regie over hun eigen leven voeren en dat ze waar nodig ondersteuning krijgen. We werken op het AC met de methode 'Hooi op je vork', die speciaal is ontwikkeld voor deze doelgroep. Voor elke cliënt worden vragen op verschillende leefgebieden op een gestructureerde manier in kaart gebracht om tot een zinvolle nieuwe invulling van het leven te komen. De hulpvragen zijn heel verschillend. In het activiteitencentrum worden veel verschillende activiteiten aangeboden, gericht op de vraag van de cliënt. Jelle neemt deel aan activiteiten die zijn gericht op het (weer) leren deelnemen aan het arbeidsproces.

Per dagdeel komen er ongeveer zeventig cliënten naar het AC. Jelle maakt deel uit van een vaste groep van twaalf cliënten: zeven mannen en vijf vrouwen tussen de 23 en 62 jaar. Het team bestaat uit negentien persoonlijke begeleiders, zes begeleiders, drie leerlingen en drie stagiairs, onderverdeeld in drie teams. Elk team heeft een teamleider, die wordt aangestuurd door een locatiehoofd. Het team overlegt wekelijks en een tot twee keer per maand is daarbij een maatschappelijk werkster en een orthopedagoog aanwezig.

Mijn functie is activiteitenbegeleider op de groep van Jelle. Verder heeft Jelle te maken met een persoonlijk begeleider en met iemand uit het ambulante team, die hem door middel van ITB (individuele trajectbegeleiding voor jongeren van ongeveer 20 tot 30 jaar) begeleidt. In het kader van ITB begeleid ik hem bij activiteiten.

Aanleiding tot het onderzoek

Jelle wil graag een vriendin. Het moet, zoals hij zelf zegt, 'een niet-gehandicapte, bloedmooie vriendin' zijn. Door zijn handicap is hij in zijn bewegingsvrijheid beperkt, zodat hij deze vriendin op het activiteitencentrum lijkt te zoeken onder de nieuwe vrouwelijke stagiaires en leerlingen (zoals ik). Jelle wordt op slag verliefd en ik zie dat hij zoveel mogelijk aandacht van de stagiaires probeert te krijgen. Hij gaat erg 'plakkerig' doen: hij probeert constant in hun buurt te zijn en 'dichtbij' te komen. Hij pakt de stagiaire ineens vast, raakt haar vlak bij borsten of billen aan of wil tijdens het gesprek een arm om haar heen slaan, want dan 'praat hij makkelijker'. Ook probeert Jelle zichzelf bij hen thuis uit te nodigen, maakt opmerkingen als 'wat zie je er weer lekker uit vandaag' en laat gesprekken zo lang mogelijk duren door niet in te gaan op tekenen van de ander dat die het gesprek wil beëindigen.

Dit probleem speelt al een tijd. Toen ik zes maanden geleden begon met werken, werd ik er door collega's voor gewaarschuwd. Er werd me gezegd dat ik mijn eigen grenzen moet stellen ten opzichte van Jelle en dat ik daarover duidelijk moet zijn. Mijn reactie op het gedrag van Jelle is dat ik duidelijk zeg dat ik het niet prettig vind dat hij me aanraakt en dat ik niet wil dat hij dit nog eens doet. Tegelijkertijd duw ik zijn hand weg. Dit helpt wel even, maar als ik hem daarna weer zie, doet hij het weer. Ik heb veel met Jelle te maken en ik heb last van zijn gedrag. Ik voel me er onprettig bij en weet niet goed hoe ik erop moet reageren. Er zijn nu twee nieuwe vrouwelijke stagiaires gekomen en zij ondervinden dezelfde problemen met Jelle.

Voorgeschiedenis en persoonsbeeld
Jelle is een lange (1,92 m), slanke man met blonde krullen en blauwe ogen. Hij wordt door de vrouwelijke deelnemers op het AC een knappe en aantrekkelijke jongen gevonden.
Jelle komt uit een arbeidersgezin. Hij heeft naast zijn ouders nog een jongere broer en een zus. Jelle werd op 18-jarige leeftijd gehandicapt. Hij had net de havo afgerond en wilde (sport)fysiotherapie gaan studeren. Hij was een succesvolle atleet. Hij zag er goed uit en kon volgens zijn ouders 'ieder meisje krijgen dat hij wilde'. Een vaste vriendin had hij ten tijde van het ongeluk niet. 'Hij had veel te veel keus uit mooie meiden!', zegt vader. Zijn ouders waren erg trots op hem. Tijdens een vakantie kreeg hij een zeer ernstig auto-ongeluk. Na een aantal weken in coma te hebben gelegen, kwam hij bij en kon de revalidatie beginnen. Jelle heeft sindsdien een aantal beperkingen. Hij zit in een rolstoel en heeft een schokkerige motoriek omdat hij weinig controle heeft over zijn armspieren. Hij spreekt langzaam en informatieverwerking verloopt traag. Verder heeft hij aandacht- en concentratiestoornissen, is hij snel afgeleid en vergeet hij dingen. Dit is afhankelijk van zijn interesse. Tot zover de informatie uit het dossier en van zijn ouders.

eigen grenzen stellen

een knappe en aantrekkelijke jongen

Sinds vijf jaar woont Jelle zelfstandig en krijgt daar professionele begeleiding bij. Zijn ouders zetten zich enorm in om hem zo zelfstandig mogelijk te laten zijn. Jelles grootste doel is een normaal leven te leiden met een normale baan. Om dat te bereiken, heeft hij individuele trajectbegeleiding. Hij leert vaardigheden, zoals omgaan met de computer en brieven schrijven, om in een (vrijwilligers)baan en in de maatschappij te kunnen functioneren. Ook is hij bezig met werk voor het activiteitencentrum, zoals de telefoon beantwoorden en werk aan de balie. Hier krijgt hij balietraining voor. Tot zover de informatie uit het ondersteuningsplan dat door Jelle en de persoonlijk begeleider is opgesteld.

Medisch-biologisch niveau
Uit een gesprek met de gedragsdeskundige hoorde ik dat Jelles hersenen door het ongeluk zijn beschadigd. Er zijn veel onderzoeken geweest, maar het is heel moeilijk om uit te zoeken wat hij wel en niet kan. Echt duidelijk is alleen dat het deel van de hersenen dat voor sociaal gedrag staat, is beschadigd (frontaal letsel). Dergelijk letsel kan bij patiënten met niet-aangeboren hersenletsel (NAH) leiden tot ontremd gedrag, wat bij seksualiteit naar voren kan komen.

problemen op meerdere niveaus

Toen het ongeluk gebeurde, was Jelle 18 jaar. Dat is een levensfase waarin jongeren nog volop experimenteren met sociale rollen en een compromis moeten vinden tussen hun eigen wensen en de eisen die de maatschappij aan hen stelt (Tieleman, 2007: 152). In feite is hij blijven steken waar hij toen was: een mooie, atletische jongen die kan doen wat hij wil.

Individueel-psychologisch niveau
Uit eigen ervaring met Jelle heb ik de indruk dat hij een sterke wil heeft, een groot doorzettingsvermogen en een mentaliteit van niet snel opgeven. Hij stelt hoge eisen aan zichzelf en legt de lat voor zichzelf hoog. Voorbeelden daarvan zijn de bloedmooie vriendin die hij graag wil en de (vrijwilligers)baan die hij wil. Hij zou graag maatschappelijk werker willen worden. Dit zal voor hem door zijn handicap niet haalbaar zijn. In een gesprek ziet hij dat wel in, maar dat besef lijkt hij later weer kwijt te zijn. Ik denk dat hij een beperkt realiteitsbesef heeft en dat hij zijn toekomstbeelden niet heeft aangepast aan zijn handicap.

Jelle lijkt competitief ingesteld. Hij noemt zichzelf een winnaar en zegt graag te willen winnen. Hij ziet elke discussie of meningsverschil als een competitie en vindt dat hij gelijk heeft, ook al gaat het niet om 'gelijk hebben'. Als hij fout is geweest, ziet hij dit een dag later in en geeft hij zijn ongelijk of onredelijke gedrag toe bij de betreffende persoon.

Zoals uit de informatie van zijn ouders blijkt, heeft hij weinig ervaring met afwijzing door meisjes. Mensen leren veel van hun omgeving (model-leren), maar Jelle heeft dit vanaf zijn 18de moeten missen. Eerst doordat hij moest revalideren en daarna kon hij niet meer overal naartoe en doen wat hij wilde doen. Na zijn ongeluk heeft hij maar één vriend overgehouden die hij niet zo vaak ziet, dus die kan niet echt als voorbeeld dienen.

Jelle lijkt in het algemeen graag aandacht te willen krijgen; hij probeert steeds de aandacht te trekken en deze zo lang mogelijk vast te houden. Als hij bijvoorbeeld achter de balie zit en je loopt langs, spreekt hij je meteen aan. Als je duidelijk zegt dat je geen tijd hebt, reageert hij daar niet op. Het gesprek gaat door totdat je uiteindelijk maar van het gesprek wegloopt. Een ander voorbeeld is dat hij precies het tegenovergestelde wil van wat andere cliënten willen en hierover graag een discussie aangaat. Hierdoor krijgt hij de aandacht van begeleiders. Op die manier leert hij dat zulk gedrag dus loont.

Sociaal niveau
Jelle heeft een hechte band met zijn ouders en heeft veel contact met ze. Ze komen wekelijks bij hem thuis en halen hem in het weekend meestal op om samen iets te gaan ondernemen. Zijn broer en zus ziet hij niet veel, hooguit een paar keer per jaar. Op het AC is Jelle geneigd steun en aanspraak te zoeken bij medewerkers. Hij heeft wel contact met andere cliënten, maar hij zegt medewerkers meer serieus te nemen en leuker te vinden om mee te praten. Zijn bewegingsvrijheid is beperkt en buiten het AC heeft hij, op die ene vriend na, nauwelijks sociale contacten.

Bespreking in het team
Jelles 'versiergedrag' is nooit eerder besproken in een teamvergadering; deze bespreking onder leiding van de orthopedagoog was de eerste. De observaties van de andere teamleden komen overeen met de mijne. De meeste begeleiders vinden dat hij ge-

normaal gedrag of problemen met gedrag?

drag vertoont dat kenmerkend is voor de jongen van 18 die hij was: de aantrekkelijke jongen met een vlotte babbel. Hij kon toen ieder meisje krijgen, maar nu moet hij meer moeite doen, omdat hij een handicap heeft. Dit ziet hij niet in. Zijn persoonlijk begeleider vertelt dat Jelle zijn eigen reacties op stagiaires ziet als 'liefde op het eerste gezicht'. Het gedrag dat hij vertoont is misschien wel normaal voor een jongen van 18, maar van een man van 30 wordt toch verwacht dat hij grenzen leert accepteren en weet wanneer hij 'te ver' gaat.

Omgaan met dit gedrag werd tot nu toe gezien als een individueel probleem van medewerkers. Als je consequent grenzen stelt, houdt hij er wel mee op, maar het lijkt erop dat hij dan naar een volgende medewerkster gaat die minder consequent is. Dat betekent dat hij die aandacht altijd wel ergens krijgt en dat hij niet leert dat het niet kan, terwijl hij wel leervermogen heeft. Omdat het zijn doel is zo normaal mogelijk te functioneren in de maatschappij, is het belangrijk dat hij dit wel leert.

We hebben besproken wat er achter die behoefte aan aandacht zou kunnen zitten: gaat het echt alleen om die vriendin? Zijn sociale wereld is wel klein. Zijn ouders ondersteunen hem enorm in zijn wens om een normaal leven te leiden. In hoeverre hebben zij geaccepteerd dat Jelle anders is dan vroeger?

In de bespreking werd duidelijk dat Jelle niet wordt begeleid in zijn behoeftes en gevoelens om een vriendin te krijgen, terwijl seksualiteit wel een van de twaalf leefgebieden uit 'Hooi op je vork' is. Hij wil heel graag een normaal leven leiden en een vriendin hoort daar voor zijn gevoel bij. Wij proberen alleen zo min mogelijk last van zijn gedrag te hebben. Omdat hij veel behoefte heeft aan aandacht, zou dat wel eens een averechts effect kunnen hebben. Jelle vertoont dit gedrag al een paar jaar.

Er is sprake van een probleem voor alle stagiaires en nieuwe medewerksters. Met Jelle zelf hebben we hier nog niet over gesproken. Het is ook een probleem voor Jelle, want hij loopt uiteindelijk steeds tegen zijn eigen grenzen of die van anderen aan.

De uiteindelijke probleemdefinitie
Jelle zoekt contact met vrouwelijke stagiaires en nieuwe medewerksters op een manier die zij onprettig vinden en waarvan ze niet weten hoe ze erop moeten reageren. Hij probeert zo vaak mogelijk bij ze in de buurt te zijn, probeert ze aan te raken, wil afspraken met ze maken en maakt opmerkingen over hun uiter-

lijk. Hij geeft alleen gevolg aan correcties als de betreffende medewerker consequent is, maar vertoont hetzelfde gedrag later weer of gaat naar de volgende.

Hypothesen
Medisch-biologisch niveau:
- Jelle vertoont dit gedrag omdat de hersenen frontaal beschadigd zijn, waardoor hij minder inzicht heeft in de effecten van zijn sociale gedrag;
- Jelle vertoont dit gedrag omdat zijn informatieverwerking traag verloopt en correcties dus langzaam binnenkomen;
- Jelle vertoont dit gedrag doordat hij in de ontwikkelingsfase van een jongen van 18 zit.

Individueel-psychologisch niveau:
- Jelle vertoont dit gedrag omdat hij van nature een doorzetter is, waardoor hij zijn pogingen een vriendin te krijgen niet snel opgeeft;
- Jelle vertoont dit gedrag omdat hij niet gewend is met afwijzing door meisjes om te gaan;
- Jelle vertoont dit gedrag omdat een normaal leven zijn grootste wens is en een vriendin daar voor zijn gevoel bij hoort;
- Jelle vertoont dit gedrag doordat de begeleiders op het activiteitencentrum geen consequente grenzen stellen en hij dus heeft geleerd dat dit gedrag normaal is;
- Jelle vertoont dit gedrag doordat hij geen begeleiding heeft in de omgang en benadering van jonge vrouwen en niet weet wat wel en niet gepast en gewenst is.

Sociaal niveau:
- Jelle vertoont dit gedrag omdat hij behoefte heeft aan meer aandacht van de begeleiding dan hij nu krijgt;
- Jelle vertoont dit gedrag omdat hij door zijn kleine sociale netwerk eenzaam is;
- Jelle vertoont dit gedrag omdat hij geen voorbeelden heeft om van te leren.

Keuze van de te onderzoeken hypothese
Alle hypothesen hangen volgens mij samen. Zijn handicap versterkt kenmerken van zijn persoonlijkheid. Reacties uit de omgeving en de manier waarop zijn leven in elkaar zit, versterken dit weer. Ik kies ervoor om de biologische hypothesen nu niet te onderzoeken, maar de hersenbeschadiging en de ontwikkelingsfase als een gegeven te zien. Er zijn al verschillende onder-

samenhangende hypothesen

> zoeken geweest en het blijkt moeilijk daaruit gegevens te halen. Ik zou graag in een gesprek met Jelle een aantal hypothesen onderzoeken: hoe ziet hij zijn eigen gedrag? Welke wensen heeft hij voor zijn sociale leven? Daarnaast lijkt het me belangrijk dat we onderzoeken hoe wij als begeleiding met hem omgaan en in hoeverre wij onderdeel zijn van het probleem. Daaraan is tot nu toe weinig aandacht besteed en het zou ons praktische handvatten voor de begeleiding kunnen opleveren.

Zoals je ziet, heeft de schrijfster van het verslag al gedachten over wat er aan de hand zou kunnen zijn. Ze doet dat op basis van de informatie die ze al over Jelle heeft, zowel uit het ondersteuningsplan als uit eigen ervaring. Ze maakt deze gedachten hier expliciet. Ook is er in het team van gedachten gewisseld, waarbij aandacht is geschonken aan het aandeel van het team in het probleem van Jelle.

Het begin van de analyse

In feite begin je door het uitspreken van gedachten al met de analyse van het probleem. Vaak wordt gedacht dat de analyse pas komt na het verzamelen en beschrijven van gegevens, maar dat klopt niet helemaal. Analyseren komt uit het Grieks en betekent letterlijk 'losmaken'. Voor de opzet van het onderzoek ga je het probleemgedrag of het probleem al 'losmaken': in stukjes opdelen. Het biopsychosociale model, dat in hoofdstuk 3 al is genoemd, kan daarbij helpen.[1] Elk probleem heeft immers een medisch-biologisch, een individueel-

analyseren is 'losmaken'

---

1 Bij het bespreken van het biopsychosociale model baseer ik me op het werk van kinder- en jeugdpsychiater Oudshoorn (1995), die een grote invloed heeft gehad op de manier waarop complexe problematiek in de kinder- en jeugdpsychiatrie wordt onderzocht. Hij maakt een onderscheid in zes niveaus:
   a *het sociale niveau:*
      – niveau 1: sociale aspecten;
      – niveau 2: gezinssysteemaspecten;
   b *het individueel-psychologische niveau:*
      – niveau 3: gedragsmatige en cognitieve aspecten;
      – niveau 4: psychodynamische aspecten;
   c *het medisch-biologische niveau:*
      – niveau 5: ontwikkelings- en persoonlijkheidsaspecten;
      – niveau 6: biologische aspecten.

psychologisch en een sociaal niveau. Deze drie niveaus zijn niet los van elkaar te zien: ze beïnvloeden en versterken elkaar. En toch ga je nu de onderdelen apart bekijken en onderzoeken. Voor elk probleem ga je bedenken of je de verschillende niveaus erin kunt ontdekken, en of je daarmee een oorzaak of een verklaring voor het probleem kunt bedenken. De probleemdefinitie vormt daarbij het uitgangspunt. Elke hypothese moet verband houden met *hetzelfde* probleem.

drie probleemniveaus onderscheiden

HET MEDISCH-BIOLOGISCHE NIVEAU

Je besteedt serieus aandacht aan alle drie dimensies. Al lijkt het nog zo onwaarschijnlijk, je gaat toch kijken of er een lichamelijke verklaring voor het probleem zou kunnen zijn, of dat medische factoren mogelijk inspelen op de andere gebieden. We hebben het dan over organische stoornissen, zowel lichamelijk als psychiatrisch. Deze stoornissen kunnen aangeboren zijn, of kunnen later in het leven zijn ontstaan, zoals bij Jelle.

Als er sprake is van een, al dan niet acute, organische aandoening, heeft medisch onderzoek *altijd* voorrang boven ander onderzoek. De volgende casus kan dit toelichten.

voorrang medisch onderzoek

Jasper wil niet plassen
Jasper, een jongetje van 3 jaar, komt dagelijks naar een medisch kinderdagverblijf. Hij heeft een ontwikkelingsachterstand. Thuis zijn er ernstige opvoedingsproblemen. De ouders zijn gescheiden en Jasper woont bij zijn vader. Moeder voelde zich na de scheiding niet goed in staat om voor Jasper te zorgen. Nu moeder een nieuwe vriend heeft, gaat Jasper om het weekend naar haar toe. Op een maandag na zo'n weekend is Jasper duidelijk niet in orde. Opvallend is dat hij in paniek raakt als hij naar de wc moet. Hij grijpt voortdurend met verwrongen gezicht naar zijn kruis. Als de groepsleiding wil kijken, roept hij alleen maar: 'Nee, nee!'
De groepsleiders zijn ernstig bezorgd; ze vermoeden dat Jasper het slachtoffer van seksueel misbruik is geworden. De protocollen hoe te handelen bij zo'n vermoeden worden al opgezocht. Maar dan lukt het Hakima toch om Jasper in zoverre te kalmeren dat ze kan kijken wat er aan de hand is. Zijn piemeltje ziet er heel vreemd uit. De dokter wordt erbij gehaald. Diezelfde middag ondergaat Jasper een simpele operatie aan het vernauwde voorhuidje.

Het is altijd mogelijk dat er een acute lichamelijke oorzaak is voor probleemgedrag: een blindedarmontsteking in plaats van aandachttrekkerij, een prop in de oren in plaats van niet willen luisteren, bedplassen door een blaasontsteking in plaats van door emotionele problemen. Ook al denk je dat een lichamelijke oorzaak niet waarschijnlijk is, dan is het toch belangrijk om dat te laten onderzoeken, zodat een medische oorzaak kan worden uitgesloten. Bedenk hoeveel schade je aan Jasper en zijn ouders kunt toebrengen als je onterecht uitgaat van misbruik én aan Jasper zelf als je in deze situatie geen arts raadpleegt.

neem álle probleemniveaus serieus

Vaak zit in de handicap of de persoon van de cliënt een biologisch aspect dat al bekend is: een verstandelijke beperking, autisme of ADHD. Dat zijn zaken die niet zijn op te lossen, zoals het geval is bij de hersenbeschadiging van Jelle, maar dan is het natuurlijk wel nodig om er rekening mee te houden. Ook aandoeningen als schizofrenie, depressie en angststoornissen hebben een biologisch of neurologisch aspect. Kennis van psychiatrische ziektebeelden is hierbij van belang. Er wordt veel onderzoek gedaan op dit terrein; je wordt als SPH'er geacht hiervan op de hoogte te blijven.[2]

lichamelijk ziektebeelden cliëntengroepen

Sommige cliëntengroepen hebben grotere kans op bepaalde lichamelijke klachten. Mensen met een verstandelijke beperking hebben een grotere kans op het ontwikkelen van diabetes of epilepsie. Mensen met het syndroom van Down hebben na hun 40ste levensjaar een sterk verhoogde kans op dementie. Daarom is het van het grootste belang dat je goed op de hoogte bent van de ziektebeelden van een cliëntengroep en van de symptomen die daarbij horen, net als van de medicijnen die cliënten nemen en de mogelijke bijwerkingen ervan. Hoe meer kennis en ervaring je hebt, hoe beter je kunt bedenken in hoeverre dit een rol zou kunnen spelen. Natuurlijk moet je altijd bedenken dat jij niet degene bent die psychiatrische of medische diagnoses stelt. Daarvoor zul je altijd de hulp van een arts of psychiater moeten inroepen. Wel is het zo dat jij vaker contact met een cliënt hebt dan de psychiater. Jij ziet veranderingen in gedrag, jij hebt regelmatige gesprekken waarin mensen vertellen hoe ze zich

---

2 De website van het Trimbos-instituut (www.trimbos.nl) bevat actuele en wetenschappelijk onderbouwde informatie over verschillende stoornissen. Ook is daar informatie over nieuw onderzoek op dit terrein te vinden.

voelen. Zoals ik al eerder zei: je bent de ogen en de oren voor andere deskundigen.

Mensen komen niet als een onbeschreven blad ter wereld: ze hebben al bij de geboorte een temperament en een aanleg meegekregen. Daarom kijk je bij het onderzoeken van dit niveau ook naar aspecten als iemands intelligentie en temperament. Hoewel ieder individu zich in zijn eigen tempo en op zijn eigen manier ontwikkelt, zijn er voor alle mensen vaste ontwikkelingsfasen met specifieke kenmerken aan te geven. Deze ontwikkeling stopt niet na de volwassenheid, maar gaat een leven lang door. Je kijkt dus ook naar de ontwikkelings- of levensfase waarin iemand verkeert en hoe dat in zijn of haar persoonlijke geval vorm krijgt.

temperament en aanleg

HET INDIVIDUEEL-PSYCHOLOGISCHE NIVEAU

Het is moeilijk om het individueel-psychologische niveau los te zien van andere niveaus. Toch doet Petra het wel in het verslag over Jelle. Met haar veronderstelling over het feit dat Jelle graag een bloedmooie vriendin wil, heeft ze het over de manier waarop Jelle in elkaar zit. Hij is overigens niet de enige met die wens, maar het feit dat hij hersenletsel, heeft maakt het wel bijzonder. Dat mensen met niet-aangeboren hersenletsel ontremd kunnen zijn op het gebied van seksualiteit is bekend, maar hoe pakt dit voor Jelle uit? En heeft dit gedrag eigenlijk wel zoveel met seksualiteit te maken?

Het individueel-psychologische niveau is het moeilijkste niveau om te onderzoeken. De problemen op individueel-psychologisch niveau zijn niet zonder meer zichtbaar. Je hebt het dan immers over de unieke persoon met zijn eigenschappen, stemmingen, emotionele stoornissen en onverwerkte trauma's en dat is niet altijd even makkelijk waarneembaar. Als je met de cliënt praat, kun je veel vragen, maar niet altijd zullen mensen zich bewust zijn van de oorzaken van hun gedrag. Zeg nou zelf: weet jij altijd precies waarom je je vandaag zo rot voelt en dus iedereen loopt uit te foeteren? Veel cliënten in de hulpverlening zijn niet goed in staat of niet gewend zich verbaal te uiten. Dit kan veel vergen van je sociale vaardigheden en je gesprekstechnieken.

emotionele stoornissen

(aangeleerd) gedrag

Bij het individueel-psychologische niveau hoort gedrag: welk gedrag vertoont iemand en hoe wordt daarop door anderen gereageerd? Wat heeft iemand aangeleerd en hoe? Hoe gaat iemand om met het feit dat hij een stoornis of aandoening heeft; met andere woorden: wat is zijn copingstijl? Uit gedrag kun je iets opmaken van de motieven en emoties van de cliënt. Je observaties vormen dan een basis en bij de weergave van die observaties dien je heel goed te kunnen aangeven waarop je je interpretaties baseert. Kinderpsychiater Oudshoorn (1995) noemt dit het 'gezond-verstand-niveau'. Ik zou zeggen dat gezond verstand aangevuld dient te zijn met kennis van (ortho)pedagogie en (leer)psychologie. Op dit niveau hebben SPH'ers belangrijk werk te doen, zowel bij het diagnostisch onderzoek als bij de aanpak. Wat mensen hebben aangeleerd, kunnen ze over het algemeen ook weer afleren, bijvoorbeeld door middel van gedragstherapie. Op dit niveau kun je de hulp inroepen van een gedragsdeskundige, zoals een psycholoog of een (ortho)pedagoog.

'gezond verstand niveau'

HET SOCIALE NIVEAU

Bij het sociale niveau gaat het om de context rondom de cliënt, zowel de directe context van de eigen leefomgeving als de wijdere context van wijk, buurt en de maatschappij als geheel. Ter introductie van dit niveau eerst een waarschijnlijk zeer herkenbaar praktijkvoorbeeldje.

> **Een onverklaarbare uitbarsting**
> Rob werkt als stagiair in een leefgroep voor mensen met een verstandelijke beperking en autisme. In een stageverslag beschrijft hij een voorval tijdens de lunch, waarbij een cliënt 'vanuit het niets' agressief gedrag tegenover hem en een collega vertoonde. Bij het nagaan van de oorzaken beschrijft Rob het gedrag van de cliënt voorafgaande aan de uitbarsting. Hij kan daarvoor geen enkele oorzaak vinden. De werkbegeleider van Rob leest het verslag en schrijft in de kantlijn: 'Wat deden jij en je collega? Laat me raden: jullie zaten te kletsen. Aandacht!' Hij en de collega zaten inderdaad te kletsen en hadden geen aandacht voor de cliënt. In de rapportage betrekt Rob nu ook zijn eigen gedrag bij de analyse, wat hem dwingt zich daarvan meer bewust te zijn. Nu Rob hierop let zijn dergelijke uitbarstingen niet verdwenen, maar ze komen wel minder vaak voor.

Voor mogelijke oorzaken op sociaal niveau kijk je om te beginnen naar de directe context waarin de cliënt leeft en de relaties en patronen daarbinnen. Allereerst bestaat die context uit de mensen rondom de cliënt. Voor cliënten die in hun eigen omgeving wonen, is het gezin de primaire omgeving, voor mensen die in een instelling wonen, is dat de leefgroep, maar kan het gezin van herkomst een grote rol blijven spelen. Het gaat dan om de sociale relaties in het primaire systeem en de plaats van de cliënt daarin. Je kunt je afvragen welke betekenis het gedrag binnen het (gezins)systeem zou kunnen hebben. Jelles ouders waren altijd trots op de mooie, sportieve jongen die hij was en ze hebben een hechte band. Probeert hij misschien nog steeds aan hun verwachtingen te voldoen? Kennis van systeemtheorie en groepsdynamica kan behulpzaam zijn bij het onderzoeken hiervan.

sociale relaties

Daarnaast kijk je naar de manier waarop de cliënt wordt bejegend en welk effect dat mogelijk op hem of haar heeft, evenals de regels en de manier waarop de regels worden gehandhaafd. Kijk ook naar het dagprogramma: is dat duidelijk, herkenbaar en afgestemd op de mogelijkheden en behoeften van de cliënt? Je let op de materiële omgeving en de ecologische aspecten van het leefklimaat. We hebben het dan over de gebouwde omgeving, de kleuren, geuren en geluiden, groen en huisdieren, dagindeling, routine en rust, eten en drinken, activiteit en verveling, samenzijn en mogelijkheden om je terug te trekken. Bij mensen met dementie verandert de visuele waarneming. Een glanzende badkamervloer ziet er voor hen uit als een wateroppervlak. Als iemand de badkamer niet in wil, is dat geen weigering om te douchen, maar paniek om te verdrinken (Kerr, 2010).

materiële omgeving

Ten slotte kijk je naar de wijdere omgeving waarin de cliënt leeft: school of werk, familie, vrienden, kennissen, de buurt waar iemand woont. De sluiting van een openbare bibliotheek in een achterstandswijk kan ervoor zorgen dat leerlingen geen plek meer hebben om rustig huiswerk te maken. Dat kan leiden tot problemen op school.

wijdere omgeving

Het formuleren van hypothesen

We hebben het tot nu toe gehad over veronderstellingen, vermoedens en ideeën. Deze giet je in de vorm van hypothesen. Je neemt de probleemdefinitie als uitgangspunt en probeert voor dat probleem verklaringen te bedenken: 'Ik denk dat ..., omdat ...', 'De cliënt vertoont dit gedrag, omdat ...'. Je doet dit op de drie niveaus (medisch-biologisch, individueel-psychologisch en sociaal). Verwacht niet dat je 'de' oorzaak van het probleem vindt. Meestal zal een probleem meerdere oorzaken hebben, die niet allemaal even makkelijk zijn te onderzoeken of aan te pakken. Omdat we ervan uitgaan dat alles samenhangt, kan een verbetering in één aspect ook verandering in andere aspecten teweegbrengen. Toch is het goed om zo veel mogelijk aspecten van het probleem in je onderzoeken te betrekken, zoals de begeleidster van Jelle dat doet.

toetsende hypothesen en richtinggevende hypothesen

Er zijn twee soorten hypothesen, namelijk toetsende hypothesen en richtinggevende hypothesen. Bij een toetsende hypothese ga je onderzoeken of de hypothese wel of niet klopt. 'Jelle vertoont ontremd gedrag omdat hij een hersenbeschadiging heeft' zou een voorbeeld van een dergelijke hypothese kunnen zijn. Er is kennis en theorie over de symptomen die horen bij hersenletsel. Op basis van deze algemene kennis ga je dan toetsen of je deze symptomen bij Jelle herkent. Dergelijk onderzoek noem je *deductief*: op basis van algemene kennis trek je conclusies over een specifieke situatie. Daarbij horen gesloten vragen. Dergelijke hypothesen zul je vaak gebruiken als het om het medisch-biologische niveau gaat.

Op het sociale niveau luidde de hypothese: 'Jelle vertoont dit gedrag doordat hij op het activiteitencentrum geen consequente grenzen krijgt van de begeleiders.' Een dergelijke hypothese leent zich niet voor toetsen. Een ruim en open onderzoek ligt meer voor de hand. Daarom noemen we dit een richtinggevende hypothese. De hypothese wijst je ongeveer waar je 'het moet zoeken', maar je weet nog niet wat je aan het eind van de zoektocht zult vinden. Zo'n hypothese hoort bij *inductief* onderzoek: dat is onderzoek waarbij je op basis van gegevens uit concrete praktijksituaties algemene principes probeert te ontdekken. Bij diagnostisch onderzoek in de praktijk zul je vaak een combinatie van hypothesen gebruiken.

deductief versus inductief

Je moet creatief zijn in het bedenken van hypothesen, maar je mag ze niet uit je duim zuigen. Alle hypothesen moeten een relatie hebben met dezelfde probleemdefinitie en voortkomen uit concrete gegevens in de situatie, uit datgene wat de cliënt zelf aangeeft en uit de voorinformatie en de informatie van anderen die je hebt. Hiermee voorkom je dat je vanuit je eigen referentiekader al van tevoren gaat interpreteren, en daarmee belangrijke informatie mist en ergens een nadruk legt of een oorzaak vindt die er niet is. Zo voorkom je dat je je blindstaart op één aspect van het probleem, en vanuit dat ene aspect het probleem verklaart. Stel dat je je bij Jelle uitsluitend gaat richten op de mogelijkheden en beperkingen van zijn ontwikkelingsniveau, dan mis je het feit dat dit mogelijk wordt versterkt door de manier waarop hij wordt bejegend. Het handelingsplan dat je op basis van je diagnostisch onderzoek zult ontwikkelen, heeft dan minder of geen kans van slagen.

Na het formuleren van de hypothese bepaal je, uiteraard weer in samenspraak met je collega's en de cliënt of diens vertegenwoordigers, waarop het onderzoek zich zal richten, of elke hypothese moet worden onderzocht en waarom wel of niet. Dan vertaal je de hypothese naar een observatiedoel. Het observatiedoel vormt de basis van het eigenlijke diagnostische onderzoek. Daarover gaat het volgende hoofdstuk.

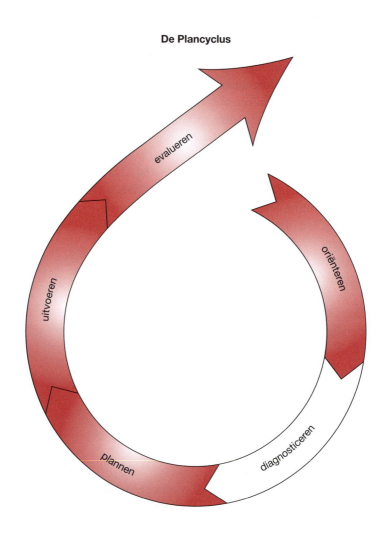

6 Het observatieplan

Als je een onderbouwde keuze hebt gemaakt uit de hypothesen die je nader wilt onderzoeken, kan het diagnostisch onderzoek beginnen. Niet alle vragen kunnen met alleen observeren worden beantwoord; er zal meestal ook van ander onderzoek worden gebruikgemaakt. Dat hangt af van hetgeen je wilt weten. Het is goed om een overzicht in je hoofd te hebben van verschillende werkwijzen bij diagnostische dataverzameling en jouw rol als sph'er daarbij. Daarna ga ik in op observatiedoelen. In dit hoofdstuk beschrijf ik vier veelgebruikte manieren om informatie voor diagnostiek te vergaren. Ik begin met twee vormen van onderzoek die je als sph'er niet zelf zult doen: het psychodiagnostisch onderzoek en het lichamelijk of medisch onderzoek. Daarna bespreek ik twee methoden van onderzoek die je als sph'er wel zult toepassen, namelijk het gesprek of interview en de observatie.

In dit hoofdstuk en het volgende ligt de nadruk op observeren als onderzoeksmethode. Ik bespreek welke verschillende soorten observatiedoelen er zijn en welke observatievragen daarbij horen, om af te sluiten met de opzet van een observatieplan. De casus van Marleen, een vrouw met een psychiatrische stoornis die het personeel 'tot het uiterste drijft', vormt de verbinding met het volgende hoofdstuk.

Psychodiagnostisch en medisch onderzoek

Bij psychodiagnostisch onderzoek hebben we het over gespecialiseerd onderzoek dat door een, meestal universitair geschoolde, deskundige wordt gedaan. Dit type onderzoek maakt gebruik van de verschillende vragenlijsten, beoordelingsschalen en testen die in omloop zijn. Testen worden afgenomen door iemand die daarvoor is opgeleid, meestal een psycholoog of (ortho)pedagoog. Er wordt gebruikgemaakt van gestandaardeerde instrumenten, die 'valide' zijn, wat betekent dat ze werkelijk meten wat ze pretenderen te me-

gestandaardeerde instrumenten

ten. Ze zijn ontwikkeld op grond van wetenschappelijk onderzoek en uitgebreid getest in de praktijk voordat ze worden gebruikt.

Je taak als SPH'er is in de eerste plaats om op de hoogte te zijn van de onderzoeken die bij de cliënt zijn gedaan, zoals die zijn te vinden in het dossier. Het is belangrijk dat je weet wat de resultaten van zo'n onderzoek in het algemeen betekenen. Ook kan het zijn dat je de cliënt ondersteunt bij het ondergaan van onderzoeken en dat je observatiegegevens aanlevert voor de deskundigen. Ten slotte, en nu zijn we weer terug bij het begin van de plancyclus, heb je een signalerende functie. Jij kunt een gedragsdeskundige inroepen om te overleggen of, en zo ja welke gespecialiseerde onderzoeken nodig zijn.

<small>signalerende functie van de SPH'er</small>

Dat geldt ook voor medisch en psychiatrisch onderzoek. Je kunt voor de cliënt een afspraak maken met een arts, die de cliënt eventueel kan doorsturen naar een specialist, zoals een neuroloog of een psychiater. Grote residentiële instellingen hebben zelf artsen in dienst die thuis zijn in de problematiek van de doelgroep, zoals een arts voor mensen met een verstandelijke beperking (AVG-arts) of een specialist ouderengeneeskunde, zoals een verpleeghuisarts tegenwoordig wordt genoemd. Als je in een psychiatrische setting werkt, is het meestal mogelijk rechtstreeks contact met de behandelend psychiater op te nemen. Het doel van dergelijk onderzoek is om medische oorzaken te bevestigen dan wel uit te sluiten. Als er sprake is van mogelijke medische oorzaken van problemen, heeft onderzoek daarnaar *altijd* voorrang boven andere onderzoeken. Je mag *nooit* op eigen houtje besluiten dat een bezoek aan de arts 'wel even kan wachten'. Dat is aan de arts (en de psychiater is ook een arts) om te beslissen.

Het gesprek of het interview

<small>intake</small>

Met elke cliënt (of diens vertegenwoordiger) die bij een instelling voor hulp- en dienstverlening aanklopt, wordt een intake gehouden. Wie dat doet, hangt af van het soort instelling en van de problematiek. Het kan bijvoorbeeld een orthopedagoog zijn, een psycholoog, een psychiater of een maatschappelijk werker. SPH'ers doen zelden een eerste intake. Er wordt gekeken naar de geschiedenis van de cliënt en naar het sociale systeem waarvan de cliënt deel uitmaakt. Aan de hand van een protocol van de instelling worden de problemen in kaart gebracht en wordt er gekeken naar beschermende factoren en risicofactoren bij de cliënt zelf en in diens omgeving. Belangrijk is om te kijken hoe de cliënt zelf tegen de problemen aankijkt en welke mogelijkheden hij of zij zelf ziet om problemen aan te pakken. Dit alles biedt de informatie die nodig is om de hulpvraag en het doel van de hulpverlening te kunnen vaststellen. Dit zal in eerste instantie globaal en ruim geformuleerd zijn en zal worden aangevuld met andere onderzoeken, bijvoorbeeld met het onderzoek dat jij nu gaat doen.

In het kader van een diagnostisch onderzoek is het belangrijk dat je in gesprek gaat met de cliënt zelf. Informatie over gevoelens, gedachten en iemands eigen kijk op een probleem kun je alleen achterhalen door ernaar te vragen. Daarvoor maak je gebruik van de algemene gespreksvaardigheden en gesprekstechnieken die je hebt geleerd. Je stelt bij voorkeur open vragen als het om beleving gaat, en je gebruikt gesloten vragen als je iets wilt controleren. SPH'ers werken soms met mensen die zich verbaal niet of moeilijk kunnen uiten of die zo in de war zijn dat vragen bedreigend kunnen overkomen. Open vragen stellen heeft dan niet altijd het gewenste resultaat. Het kan goed verdedigbaar zijn om gesloten vragen te stellen, op basis van wat je al weet. Je kent de cliënten goed en als het goed is, heb je een vertrouwensband met ze, wat je in de positie brengt om heel gericht vragen te kunnen stellen en waarheidsgetrouwe antwoorden te krijgen. Je hebt door je dagelijkse contact de mogelijkheid om terloops een gesprek te voeren waarbij mensen zich meer op hun gemak voelen. Maar die vertrouwdheid met de cliënt is ook een valkuil. Juist omdat je de cliënt goed kent of denkt te kennen, kun je de neiging hebben om de cliënt de conclusies die je verwacht in de mond te leggen. Het eventuele gebruik van gesloten vragen zal de kans hierop vergroten.

gespreksvaardigheden en -technieken

Ten slotte zijn veel cliënten, zeker in de residentiële en semiresidentiële hulpverlening, nog steeds afhankelijk van hulpverleners, of voelen ze zich afhankelijk, wat hun antwoorden kan kleuren. Het kan zijn dat de cliënt het jou naar de zin zal willen maken en zal zeggen wat hij denkt dat jij wilt horen of dat de cliënt jou als spreekbuis zal zien; denk bijvoorbeeld aan gedetineerden of jongeren die onvrijwillig zijn opgenomen. Cliënten weten hulpverleners soms heel goed te bespelen, zoals bleek uit het al eerder aangehaalde artikel over de opvang voor dak- en thuislozen (Wolfshöfer & Bröer, 2009). Bewoners die laten zien dat ze actief meewerken ('goed bezig zijn') aan het re-integratieprogramma krijgen stilzwijgend toestemming van het personeel om huisregels te overtreden (Wolfshöfer & Bröer, 2009: 472). Dat kan een kleuring van antwoorden geven en het is be-

gekleurde antwoorden

langrijk dat je je daarvan bewust bent. De valkuilen zijn volgens mij geen reden om niet in gesprek te gaan met de cliënt. Integendeel, ik ben van mening dat je dat altijd moet proberen, maar dat je die gegevens zo mogelijk moet aanvullen met gegevens uit andere onderzoeksmethoden of uit andere bronnen.

Observatie

Observatie is een vorm van onderzoek die veel wordt toegepast in residentiële en semiresidentiële settings. Toch wordt er ook in ambulante hulpverlening veel gebruikgemaakt van observatie. Een methode als videohometraining draait helemaal om de nauwkeurige observatie van interacties tussen gezinsleden.[1] Wanneer je als werker vooral gesprekken voert met cliënten, is nauwkeurige observatie van de reacties van de cliënt een goede aanvulling op datgene wat cliënten je vertellen.

'Schizofreen', 'depressief', 'ADHD', 'een bepaalde ontwikkelingsleeftijd hebben' zijn labels of etiketten waarmee mensen worden geclassificeerd. Met de uitkomsten van die onderzoeken zal in de praktijk verder moeten worden gewerkt. Maar je weet dan eigenlijk nog maar weinig. Geen enkel mens is hetzelfde, en dat geldt natuurlijk ook voor cliënten. Observaties in de praktijk leren je wie de cliënt als persoon is, wat het etiket of label voor *deze* cliënt in *deze* situatie betekent. Psycholoog en orthopedagoog Kraijer zegt het volgende:

observaties leren je wie de cliënt als persoon is

> *'We verwachten van deze informatie, zo mogelijk gepresenteerd als diagnose, antwoord op vragen als: Wie is deze persoon? Waarom doet hij/zij zo? Indirect hopen we daarmee antwoord te krijgen op de belangrijkste vraag: onder welke condities wat benadering en omgeving betreft functioneert betrokkene optimaal voor hem- of haarzelf en voor de mensen om hem of haar heen.'* (Kars, 1995: 73)

[1] Voorbeelden hiervan zijn te zien in het tv programma 'Schatjes' van de EO, waarin kinderpsychologen opnamen maken van een gezin met opvoedproblemen. Na het terugkijken en bespreken van de opnamen krijgen ouders tips hoe ze patronen kunnen doorbreken en worden ze ondersteund bij het oefenen. Naast 'gewone' opvoedproblemen, zoals driftbuien en jaloezie tussen broertjes en zusjes, komen er ook speciale opvoedsituaties aan de orde, zoals een gezin met een kind met een autismespectrumstoornis.

Met dit grote doel voor ogen wordt van je verwacht dat je zelfstandig observaties kunt opzetten en uitvoeren, dat je de gegevens kunt analyseren en dat je erover kunt rapporteren. Observeren is een kernvaardigheid voor hulpverleners en daarom gaan we daar nu uitgebreid op in.

OBSERVATIEDOELEN EN -VRAGEN

Observeren is niets anders dan opzettelijk, doelgericht en systematisch waarnemen. Omdat je doelgericht werkt, is het belangrijk om eerst vast te stellen wat het doel van observaties is. De hypothesen vormen daarvoor de basis. Als je meerdere hypothesen gaat onderzoeken, heb je meerdere observatiedoelen, die je elk apart moet uitwerken. Formuleer het doel of de doelen zo concreet mogelijk. Hoe meer je al weet, hoe concreter je dat kunt doen. Als je het observatiedoel hebt vastgesteld, heb je een belangrijke stap gezet. Je weet waarom je dit onderzoek wilt gaan doen en wat je ermee wilt bereiken. Je kunt dan naderhand controleren of je het doel hebt bereikt. Als dat niet het geval is, waar lag dat dan aan? Nu zijn er bij observeren verschillende soorten doelen, waarbij verschillende soorten observatievragen horen. Hierna staat een indeling in soorten doelen.

doelgericht en systematisch waarnemen

Een beschrijvend doel

In praktijksituaties zal het vaak voorkomen dat je observeert om een beschrijving te geven van het gedrag van een persoon, een interactie tussen mensen in een groep of van de manier waarop mensen een activiteit doen. Waarom zou je een beschrijvend doel hebben? Het antwoord lijkt een open deur: omdat je iets niet weet en je de kennis nodig hebt om de cliënt(en) goed te kunnen ondersteunen of begeleiden. Dat kan in verschillende situaties zijn. Het kan zijn dat de cliënt nieuw in de instelling is. Classificatie ofwel indeling heeft al plaatsgevonden. Om een zorgplan te kunnen maken, heb je informatie nodig, die gedeeltelijk uit observaties afkomstig zal zijn. Je beschrijvende doel zal dan ruim en globaal zijn, omdat je een totaalbeeld van een persoon wilt opstellen. De meeste instellingen hebben voorgestructureerde formulieren met punten waarop je moet letten, zodat je niet zelf alle vragen hoeft te formuleren.

Het kan zijn dat je een nieuwe activiteit voor een groep kinderen hebt ontwikkeld en dat je wilt weten hoe die activiteit verloopt, of dat je het eventueel anders moet gaan aanpakken. Of je kent de cliënt al goed, maar hij of zij vertoont nieuw gedrag, zodat je je opnieuw moet oriënteren. Ook als je een cliënt goed kent (of denkt te kennen!), kan het nuttig zijn jezelf soms een dergelijk doel te stellen om vastgeroeste ideeën te voorkomen. De periodieke evaluatie van het zorgplan is daarvoor een goede gelegenheid.

Meestal zul je meer willen dan alleen een beschrijving van incidentele gebeurtenissen. Als je een aantal beschrijvingen van dezelfde situaties hebt, kun je een patroon gaan zien en dat is wat een beschrijvend doel oplevert: patroonherkenning. Bij een dergelijk doel ben je explorerend bezig en dat past goed in de oriënterende fase. De observatievraag die je je hierbij moet stellen is beschrijvend en open van aard en zal meestal met 'hoe' beginnen: hoe gedraagt iemand zich in een bepaalde situatie, hoe gaan mensen met elkaar om, hoe reageren cliënten op de nieuwe activiteit? Vaak zal het mogelijk zijn om de observatievraag regelrecht uit het doel af te leiden.

patroonherkenning

Een kwantificerend doel
Kwantificeren betekent letterlijk: in hoeveelheden uitdrukken. Een beschrijvend doel is breed en open, het kwantificerende doel is heel specifiek: tellen hoe vaak specifiek gedrag voorkomt. Waarom zou je dit als doel hebben? Het is nuttig om te kijken of bepaald gedrag überhaupt wel voorkomt. Het kan een goede manier zijn om vermoedens te controleren of om een hypothese te toetsen. Uitspraken als 'constant' of 'altijd' kunnen ermee worden genuanceerd. Wanneer je als hulpverlener last hebt van bepaald gedrag, kun je denken dat het vaker voorkomt dan in werkelijkheid het geval is, zoals het voorbeeld van Marleen hierna laat zien.

tellingen

Met behulp van tellingen is het ook mogelijk om patronen te ontdekken. Uit wetenschappelijk onderzoek op het terrein van de groepsdynamica is bijvoorbeeld gebleken dat er een verband bestaat tussen het aantal keren dat iemand in een groep initiatief neemt om iets te zeggen en de status van die persoon in de groep. Hoe meer initiatief, hoe hoger de status; de inhoud van wat er wordt gezegd, is dan veel minder van belang. Je observatievraag zal een gesloten vorm hebben: laat iemand bepaald gedrag zien, en zo ja, hoe vaak? Je verzamelt er concrete en toegespitste informatie mee.

Verbanden leggen
Het kan nodig zijn om verloop in gedrag te onderzoeken en om gedrag in de context te onderzoeken. Het gaat dan om het leggen van verbanden. Dit is toegespitster dan een beschrijvend doel en

gedrag in de context

breder dan een kwantificerend doel; het zit ertussenin. Dit doel past goed in de onderzoeksfase of diagnostische fase: je hebt je al geori-enteerd op het gedrag en je hebt het al globaal beschreven. Je weet dus al het een en ander van het gedrag, maar nu wil je onderzoeken wat met wat te maken heeft, met andere woorden: welke factoren mogelijk van invloed zijn op het gedrag. Deze factoren worden va-riabelen genoemd. Het onderzoek hoeft niet alleen over individuele cliënten te gaan, maar kan zich ook richten op bepaalde knelpunten in een dagprogramma of tijdens een activiteit. Een dergelijk doel is heel geschikt om richtinggevende hypothesen, opgesteld op grond van voorinformatie, nader te onderzoeken. Wat iemand doet, weet je al, en hoe iemand iets doet ook. Je weet echter niet precies in welke omstandigheden, wanneer en in aanwezigheid van welke personen. Je observatievraag zal zich dan daarop richten en de vorm hebben van 'onder welke omstandigheden komt gedrag X voor?'.

gedragsbeïnvloedende factoren: variabelen

Oorzaken achterhalen?

Mensen willen altijd het 'waarom' of 'de oorzaak' van problemen weten. Als het een het ander veroorzaakt, noemen we dat: *causaliteit*. Causaliteit is niet met observaties te achterhalen. Je kunt wel verban-den op het spoor komen, maar je moet niet de illusie hebben dat je de *oorzaak* van een probleem hebt gevonden. Als je een verband hebt gevonden, heb je alleen een samenhang. We noemen dat een *correla-tie*. Wat oorzaak is en wat gevolg weet je niet: het is de aloude kwes-tie van de kip en het ei. Er bestaat bijvoorbeeld een verband tussen het kijken naar tv-programma's met veel agressie en het vertonen van gewelddadig gedrag. Het is echter niet bewezen dat de program-ma's de oorzaak zijn. Het is ook goed mogelijk dat gewelddadige mensen juist naar dit soort programma's kijken.

correlatie en causaliteit

Het kan zijn dat het verband dat je hebt gevonden, wordt veroorzaakt door toeval of door een andere, nog onbekende factor of variabele. Bovendien is er zelden één concrete oorzaak aan te geven voor ge-drag, maar is er meestal sprake van verschillende factoren die ieder op hun eigen manier een rol spelen. Vermijd daarom observatievra-gen die beginnen met 'waarom' of met 'hoe komt het'.

Naar de observatievraag

Een observatiedoel is niet altijd concreet onderzoekbaar, zeker niet bij de ingewikkelder doelen. Daarvoor heb je observatievragen no-dig. Een goede observatievraag voldoet aan een aantal criteria.

> **Criteria voor een goede observatievraag**
> – De vraag komt voort uit en past bij het doel. Verwoord wat voor soort doel je hebt en controleer of je vraag daarbij past. Als dat niet het geval is, moet je óf het doel óf de vraag aanpassen.
> – Datgene wat je wilt observeren, is te zien in concreet gedrag of is zo uit te werken dat het concreet te zien is. Maak de vraag zo nodig specifieker.
> – Het is één vraag. Als het er twee zijn (… en …) moet je óf een keuze maken óf van twee vragen één vraag maken, omdat je anders twee observaties door elkaar heen doet.

Soms is het mogelijk om het doel regelrecht om te bouwen tot een observatievraag (bijv.: 'Ik wil de interactie tussen Marleen en haar begeleiders onderzoeken, omdat ik het idee heb dat de begeleiding zelden positief reageert op Marleen'). De observatievraag moet zoveel mogelijk neutraal of positief worden geformuleerd (bijv.: 'Hoe verloopt de interactie tussen Marleen en de begeleiders?' en niet: 'Op welke momenten vraagt Marleen negatieve aandacht van de begeleiders?'). Dit om te voorkomen dat je alleen naar negatieve dingen gaat kijken en positieve dingen over het hoofd ziet. Of dat je alleen kijkt naar wat iemand niet kan en niet kijkt naar wat iemand wel kan. Dit kan natuurlijk niet altijd. Als je doel zich richt op hoe vaak agressief gedrag voorkomt, zal je vraag daarover moeten gaan.

vraagstelling in termen van concreet gedrag

Stel je vraag in termen van gedrag wat iemand daadwerkelijk laat zien. Dus niet: 'Kan Marleen contact maken?' of: 'Wil Marleen contact maken?' Zo'n vraag richt zich op de mogelijkheden en wensen van Marleen en niet op wat ze doet. Alternatieven zijn: 'Hoe vaak maakt Marleen contact?' of: 'Hoe maakt Marleen contact?'

Het hangt ervan af hoe veelomvattend je observatievraag is, maar meestal zal de vraag moeten worden opgesplitst in kleinere vragen, de zogenaamde deelvragen. De deelvragen moeten elkaar aanvullen, zodat met de gegevens van alle deelvragen samen de onderzoeksvraag kan worden beantwoord. Dat opdelen in deelvragen heet *operationaliseren* (letterlijk: werkbaar maken). Hoe concreter en completer je de observatievraag uitwerkt, hoe beter de gegevens die je zult krijgen. Je weet dan immers precies waarnaar je moet kijken, en als je met meerdere mensen observeert, weet iedereen waarop hij of zij moet letten. In het begin zal je vraag ruim zijn, omdat je nog niet veel weet. Naarmate je meer weet, kun je steeds specifieker en gerichter gaan kijken. Daarmee heb je een stevige basis om straks je gegevens te gaan analyseren en onderbouwde conclusies te trekken.

OBSERVATIEPLAN

Als vaststaat wat het doel van de observatie is en welke vraag met de observatie moeten worden beantwoord, maak je een observatieplan, waarin je de opzet van het daadwerkelijke onderzoek uitwerkt. Het is goed om dat op papier te zetten. In dat plan moeten de volgende zaken staan:
– observatiedoel en observatievraag;
– uitwerking van de observatievraag in deelvragen;
– operationalisering in concrete observatiepunten;
– de gekozen observatiemethoden;
– de situaties waarin zal worden geobserveerd;
– de tijdstippen en duur van observaties;
– wijze van registratie en de eventueel daarbij behorende registratieformulieren;
– de organisatie: wie observeert wat, waar, wanneer en hoelang;
– verantwoording van de betrouwbaarheid en geldigheid.

Misschien ten overvloede: als er sprake is van meerdere observatiedoelen, is er dus sprake van meerdere observatieplannen. Een uitgewerkt plan geeft houvast en richting aan het observatieproces. Als er sprake is van meerdere observatoren, zorgt een uitgewerkt plan ervoor dat iedereen zich aan dezelfde richtlijnen houdt en dus hetzelfde observeert.

plan geeft houvast en richting

Praktijkvoorbeeld: diagnostisch observatieverslag

Hierna volgt een voorbeeld van een uitgewerkt diagnostisch observatieverslag. Het verslag is als observatieopdracht geschreven door een SPH-student die een oplossing zoekt voor de begeleidingsproblemen met Marleen.

Marleen drijft het personeel tot het uiterste

Inleiding
Marleen is een vrouw van 59 jaar oud met een borderline persoonlijkheidsstoornis, die anderhalf jaar geleden is opgenomen met een rechterlijke machtiging. Sinds vier maanden woont ze in deze woongroep voor mensen met een chroni-

borderline persoonlijkheidsstoornis

sche psychiatrische beperking, die zo ontwrichtend is dat ze zich niet zelfstandig staande kunnen houden in de maatschappij. Wij werken met de *rehabilitatiemethodiek*, wat inhoudt dat we uitgaan van de gezonde kant van mensen, van datgene wat ze wél kunnen. De manier waarop de cliënt zijn eigen leven wil vormgeven staat centraal. Iedere cliënt heeft een eigen persoonlijke begeleider, die samen met de cliënt een ondersteuningsplan opstelt. Dat plan wordt elk halfjaar met de cliënt geëvalueerd en zo nodig bijgesteld. Daarnaast heeft elke cliënt een eigen behandelaar: een psychiater of psycholoog die is verbonden aan het psychiatrisch ziekenhuis. Het team bestaat uit twee persoonlijk begeleiders en vijf woonbegeleiders. Er is een locatiemanager, die ook verantwoordelijk is voor andere woongroepen.

Bewoners krijgen begeleiding en ondersteuning in hun dagelijks bestaan. Wel houden we rekening met de beperkingen. Hier wonen mensen die door hun gedrag op andere afdelingen niet meer te hanteren waren. Deze afdeling biedt een duidelijke structuur, minder prikkels en minder verplichtingen dan andere afdelingen. De tien bewoners hebben elk een eigen kamer met douche en toilet. Er is een gemeenschappelijke keuken, een eetkamer en een kantoortje voor het personeel.

Ik ben woonbegeleider op deze locatie, wat betekent dat ik verantwoordelijk ben voor de dagelijkse verzorging en ondersteuning en voor het scheppen van een prettig, veilig en gestructureerd leefklimaat. Als leerling ben ik assistent-persoonlijk begeleider van Marleen.

Aanleiding tot onderzoek

Aanleiding voor dit onderzoek is de problematische omgang van de begeleiding met Marleen. Ze klaagt veel en ze klaagt over alles. Ik zie dat we als begeleiders vaak geïrriteerd reageren op Marleens *'geklaag'*. Vanaf het begin heeft de begeleiding het moeilijk gevonden om met haar om te gaan.

Voorinformatie

Marleen is opgevoed door haar opa en oma, van wie zij tot voor kort dacht dat het haar ouders waren. Haar moeder kende zij als haar zus. Er waren meerdere kinderen in het gezin. Hoeveel precies is mij niet bekend. Haar oma was zelden vriendelijk tegen Marleen. Zij vertelde Marleen later dat ze het gevolg was van incest tussen haar man en haar dochter. Marleen zelf gelooft dit niet. Er is geen uitsluitsel over te geven. Haar opa en zus (mogelijk dus haar moeder) waren wel lief voor haar (deze informatie is van Marleen zelf afkomstig).

Naar eigen zeggen heeft Marleen veel gereisd. In de jaren zeventig werkte ze in Israël. Daar kreeg ze een relatie met een Fransman, die na enkele jaren overleed aan levercirrose. Daarna trouwde ze met haar ex-man, met wie ze in Australië en Amerika woonde en met wie ze een zoon kreeg. Ze had in Amerika een baan als serveerster. Haar man mishandelde haar en dit huwelijk is uiteindelijk kapotgegaan. Marleen trouwde opnieuw, maar mij is niet bekend waarom ook dit huwelijk strandde. Met haar zoon heeft Marleen geen contact meer, omdat hij dat niet meer wil. Marleen zegt dat hij een grote egoïst is, die alleen maar aan geld en vrouwen denkt. Over haar buitenlandse jaren kan Marleen onderhoudend en geestig vertellen (deze informatie komt uit eigen indrukken en gesprekken met Marleen).

Tot haar opname woonde Marleen alleen in een flat. Er werd door de buren regelmatig over Marleen geklaagd: ze zou in de gangen haar behoefte doen en nam vaak 'ongure types' mee. Vlak voor haar opname heeft ze geprobeerd brand te stichten op haar balkon. Ze werd aangetroffen in een ernstig vervuild huis, ondervoed en naar eigen zeggen een beetje in de war (deze informatie is afkomstig uit het medisch dossier).

een beetje in de war

Ze is toen op een afdeling geplaatst waar wordt toegewerkt naar re-integratie in de maatschappij. Dat bleek te hoog gegrepen voor Marleen. Ze kon zich moeilijk handhaven in de bewonersgroep en maakte veel ruzie. Dat is een paar keer uitgelopen op een vechtpartij. Op de vorige afdeling kon Marleen niet de aandacht en verzorging krijgen die wij haar hier wel kunnen geven.

Persoonsbeeld
Met 1 meter 80 en 60 kilogram is Marleen is een lange, magere vrouw. Haar korte grijze haar staat alle kanten op. Ze verzorgt zichzelf matig. Woonbegeleiders moeten haar eraan herinneren dat ze moet douchen en dat ze schone kleren moet aandoen. Ze krijgt medicatie in verband met haar wisselende stemmingen en woede-uitbarstingen, maar de laatste tijd merken we dat ze die niet altijd neemt. Marleen heeft als gevolg van de mishandelingen door haar ex-man veel pijn in haar linkerarm. Binnenkort wordt deze schouder vastgezet, waardoor zij hem niet meer zal kunnen gebruiken.

lichamelijke klachten uitbuiten

De lichamelijke klachten lijkt ze uit te buiten om dingen gedaan te krijgen van de begeleiders. Ze wil alleen door bepaalde begeleiders worden geholpen, maar door wie is sterk wisselend. Marleen lijkt nooit tevreden en ze vindt dat anderen veel beter worden behandeld dan zij. Soms lijkt het wel of ze klaagt om te klagen. Als er bijvoorbeeld eens iemand op bezoek komt, begint ze meteen over hoelang deze persoon niet geweest is, in plaats van gewoon van het gezelschap te genieten. Dit zijn wel symptomen van haar borderline persoonlijkheidsstoornis. Ze zegt regelmatig dat ze niet opgenomen wil zijn op deze afdeling.

Ze is een poosje naar de dagbesteding gegaan, maar sinds een maand of twee doet ze dat niet meer. Wij dwingen haar niet om daarheen te gaan, maar vragen wel van haar dat ze op de woongroep meehelpt met de huishoudelijke taken voor zover ze dat kan. Dit doen we om haar toch een beetje actief te houden. Steeds vaker weigert ze dat te doen en als we het dan toch proberen, kan ze een woedeaanval krijgen of dingen zeggen als: 'Niemand begrijpt wat ik doormaak.' In zo'n bui blijft ze uren hangen.

drukke afdeling

We vinden dat ze veel aandacht vraagt, maar het is toch wel een drukke afdeling en er is niet altijd ruimte om iets leuks met de individuele cliënt te doen.

Problemen

Het aandacht vragen vinden we het belangrijkste probleem. Sinds een maand of twee wordt het steeds erger. Ze wil dat er steeds iemand van het personeel bij haar in de buurt is; ze wil voortdurende aandacht voor haar verhalen en voor haar lichamelijke klachten. De laatste tijd klampt Marleen zich soms letterlijk aan de begeleiders vast als die bij haar willen weglopen omdat ze iets anders te doen hebben. Hoe vaak dat precies gebeurt weten we eigenlijk niet; de meningen daarover lopen uiteen. Zo langzamerhand reageert iedereen in haar omgeving negatief op haar, ook de andere bewoners, die vinden dat ze de sfeer verpest.

negatieve reacties van anderen

We hebben het probleem in een teamvergadering besproken en we vinden het nodig dat er iets aan gebeurt. Het lijkt een neerwaartse spiraal. Veel van haar gedrag is toe te schrijven aan haar persoonlijkheidsstoornis. Omdat de plaatsing vrij recent is, zijn we nog zoekende naar de juiste begeleidingsvorm voor Marleen. We zijn ons ervan bewust dat we geïrriteerd reageren en dat ze ons tot het uiterste kan drijven, maar het is lastig om dat om te buigen. Het valt op dat dit 'klampgedrag' erger is geworden sinds ze niet meer naar de dagbesteding gaat. Mogelijk speelt het feit dat ze haar medicatie niet geregeld inneemt een rol. Hierover gaan we contact opnemen met de behandelend psychiater.

'klampgedrag'

Probleemdefinitie
Sinds ongeveer twee maanden wil Marleen dat begeleiders voortdurend bij haar in de buurt blijven om haar verhalen en klachten te vertellen en klampt ze zich aan hen vast als ze willen weglopen.

Hypothesen
Marleen vertoont dit gedrag omdat:
a *medisch-biologisch niveau:*
   – 'klampgedrag' een van de symptomen is van een borderline persoonlijkheidsstoornis;
   – ze vanwege lichamelijke pijn behoefte heeft aan steun;
b *individueel-psychologisch niveau:*
   – ze niet weet hoe ze op een andere manier om aandacht moet vragen;
   – ze wil vermijden dat ze in de steek wordt gelaten;
c *sociaal niveau:*
   – ze geen aansluiting heeft met andere bewoners en daardoor naar de begeleiding toetrekt;
   – de begeleiding weinig tijd voor haar heeft om haar aandacht te geven;
   – er niets voor haar te doen is sinds ze niet meer naar de dagbesteding gaat.

De medisch-biologische hypothesen laat ik voor wat ze zijn, omdat dat niet veel nieuws zal opleveren. De hypothesen op sociaal niveau lijken me belangrijk om te onderzoeken, omdat we helemaal niet weten hoe Marleen hier zelf over denkt. Dat is ons eerste doel. Het tweede doel heeft betrekking op wat er tussen Marleen en de begeleiding gebeurt. Het lijkt erop dat dat niet vanzelf goed komt, integendeel, het wordt alleen maar erger. Als we daarin verbetering zouden kunnen aanbrengen, zou het op andere niveaus ook beter kunnen gaan. Het zou ons dus richtlijnen voor de omgang kunnen opleveren.

richtlijnen voor de omgang

Gesprek met Marleen
Onze vraag was: hoe beleeft Marleen haar verblijf op de afdeling?
Concrete punten waarover we het wilden hebben waren:
– Hoe ziet ze haar eigen stoornis?
– Hoe ervaart ze haar bezigheden op de afdeling?
– Hoe beleeft ze de omgang met de andere bewoners?
– Hoe ervaart ze de omgang met begeleiders?

De persoonlijk begeleider en ik hebben onafhankelijk van elkaar een gesprek met haar gevoerd op haar eigen kamer met een kopje koffie erbij. We hadden van tevoren een afspraak met haar gemaakt. In beide gesprekken heeft ze in grote lijnen hetzelfde gezegd (ik geef het hierna zoveel mogelijk in haar eigen woorden weer).

ze hoort hier niet thuis

Marleen snapt niet waarom ze hier zit. Ze snapt wel dat ze destijds is opgenomen, want toen ging het echt even niet goed met haar; dat was een moeilijke tijd, ook met die rare berichten over haar vader, maar dat zijn allemaal leugens, daar denkt ze gewoon niet meer over na. Ze wil sowieso niet meer over de nare dingen van vroeger nadenken. Er zijn genoeg leuke dingen om over te vertellen; ik mocht willen dat ik zoveel van de wereld had gezien als zij! Het gaat volgens haar prima met haar, dus medicatie is niet meer nodig. Liever niet zoveel troep in je lijf als dat nergens voor nodig is, en bij haar is het niet meer nodig, want het gaat juist goed.
Het is toch echt wel duidelijk dat ze hier niet hoort tussen de gekken. Ze heeft niks met ze en ze hoeft niks met ze. Het is gewoon niet haar niveau. De begeleiders zijn uiteindelijk toch ook niet echt te vertrouwen; die laten je gewoon maar zitten als je ze nodig hebt. Er gebeurt niks met haar, dus wat is dan het nut dat ze hier is?

er is hier niks te doen

Eerst werd ze op de dagbesteding uitgebuit en nu gebeurt hetzelfde hier met huishoudelijke klussen. Nou, dat gaat ze dus mooi niet doen, daar heb je nou net personeel voor! En de anderen hoeven ook niet allemaal die klussen te doen, dus ze ziet niet in waarom zij voor huishoudelijke hulp of serveerster zou gaan spelen. Die tijd heeft ze gehad. En dat ze zoveel pijn heeft weten we best, maar daar heeft niemand enig begrip voor. Bovendien is hier in huis helemaal niks te doen, niemand heeft hier eens tijd voor een interessant gesprek, terwijl er toch genoeg in de wereld gebeurt waarover je kunt praten, er is geen bibliotheek, niet eens een behoorlijke krant, alleen de *Spits* en de *Metro* en die zijn dan vaak nog van gisteren. En de troep waar ze hier op tv naar moet kijken, nou, daar wordt ze niet vrolijk van. Laat haar maar weer in een eigen huis gaan wonen, want hier wordt ze echt niet beter.

Observaties
Het tweede doel was om inzicht te krijgen in de manier waarop Marleen en begeleiders met elkaar omgaan en welk effect dat heeft op de reacties van Marleen. Onze vraag was ruim en open: hoe verloopt de interactie tussen Marleen en de begeleiders? Daarbij hadden we de volgende deelvragen geformuleerd.
– Wie neemt initiatief tot het contact?
– Wat wordt er gezegd?
– Wat zijn de non-verbale reacties?
– Hoelang duurt het contact?
– Wie beëindigt het contact?

We observeerden een week lang twee keer per dag een halfuur in de huiskamer op momenten dat er niet iets speciaals hoefde te gebeuren. Elke keer dat Marleen of de begeleiding elkaar aanspraken, begon de observatie en hielden we bij hoe de interactie verliep. Achteraf werkten we dat uit in een zogenaamd ABC-schema. In een teamvergadering zijn vooraf afspraken gemaakt over de manier van observeren en hebben we met het schema geoefend. Uiteindelijk is er twaalf keer geobserveerd. Dit leverde het volgende op.
Er was 38 keer sprake van interactie tussen Marleen en het personeel. Marleen nam 36 keer het initiatief, de begeleiding twee keer. Ze nam meestal (22 keer) initiatief door te vragen of iemand iets met haar wilde doen, of door iets te vertellen wat ze in de *Spits* had gelezen. Obama en de economische crisis waren favoriete onderwerpen. De andere veertien keer waren het heel verschillende dingen, maar altijd iets wat niet goed was volgens haar: het was te warm of te koud, wanneer komt er eindelijk eens koffie, die koekjes kennen we nu echt wel, kan er niet eens iets anders bij de koffie worden geregeld, en dat ze pijn heeft. De reactie van het personeel is dertig keer als volgt: ze lopen weg terwijl ze zeggen 'ik kom zo', 'nu even niet' en 'ik ben even bezig'. Dit vooral als het gaat om iets te doen of om iets uit de krant te bespreken. Non-verbale reacties zijn weinig genoteerd, maar in een teamgesprek hebben medewerkers wel gezegd zich geïrriteerd te voelen en het gevoel te hebben dat ze constant aandacht vraagt. Bij de andere onderwerpen reageren ze wel

wie neemt het initiatief?

door dingen te zeggen als 'doe dan een vest aan', 'Er is net koffie geweest', en dan lopen ze door. De andere keren negeren ze haar helemaal.

Meestal herhaalt Marleen haar vraag of opmerking nog een keer, waarop er doorgaans geen reactie meer komt, of iets als 'hè, ik heb toch al gezegd nu niet'. Dan vertelt Marleen op luide toon dat ze pijn heeft en blijft daarmee doorgaan tot er iemand van de begeleiding komt. Meestal zegt de begeleiding dan iets als: 'niet zo klagen', 'niet zeuren Marleen', 'we weten nu wel dat je pijn hebt'. Daarop geeft Marleen reacties als 'jullie hebben makkelijk praten', 'jullie voelen niet wat ik voel'. Het gekke is dat het 'klampen', wat aanleiding was tot dit onderzoek, eigenlijk nauwelijks voorkwam. In totaal is dat twee keer gebeurd. Beide keren nadat Marleen een verzoek had dat gedurende lange tijd werd genegeerd.

Ik heb zelf nog aanvullende observaties gedaan door met mijn houding te experimenteren. Ik reageerde niet op haar klachten, maar ik probeerde wel om haar aandacht te geven, zonder dat ze daar zelf om vroeg. Ik zei dan van tevoren duidelijk tegen haar hoeveel tijd ik voor haar had en ik kondigde aan wanneer ik ging afsluiten. In dat geval eindigt het gesprek zonder geklaag en geklamp. Eigenlijk is het dan een leuk gesprek.

Diagnose
De uiteindelijke situatie waarvoor we een diagnose stellen is de volgende: begeleiders nemen bijna nooit initiatief tot interactie. Marleen neemt gemiddeld drie keer per halfuur initiatief tot contact met de begeleiding, het meest door een gesprek over de actualiteit te beginnen of een voorstel om een activiteit te doen. Begeleiders gaan hier niet op in. In minder dan de helft van de keren meldde Marleen dat iets niet goed was. Begeleiders gaan daar pas op in – nadat ze de mededeling eerst hebben afgewezen of genegeerd – als Marleen het een aantal malen luid heeft herhaald.

De oorzaak is volgens ons als volgt: klagen zit in de persoon en de stoornis van Marleen, maar door haar pijnklachten, verveling en het gevoel niet op haar plaats te zijn, heeft ze behoefte aan extra aandacht van de begeleiding. Door haar borderline persoonlijkheidsstoornis heeft ze een positieve aanpak, duidelijkheid en structuur nodig in deze contacten. Doordat de begeleiders negatief reageren, onduidelijk zijn en geen initiatief nemen, heeft de interactie tussen Marleen en haar begeleiders de neiging negatief te escaleren.

We hebben in deze casus al een voorschotje op het volgende hoofdstuk genomen. Daarin staat het verzamelen van gegevens met verschillende observatiemethoden en het analyseren van die gegevens centraal.

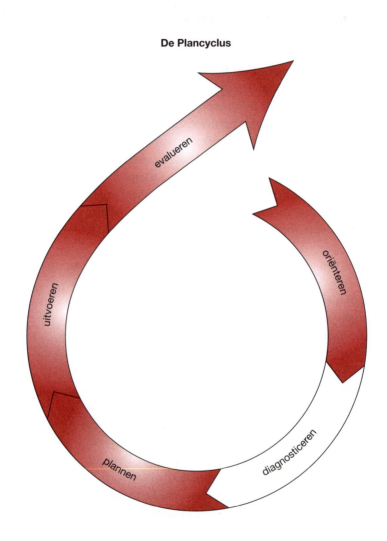

7 Observatiemethoden

In het verslag over Marleen in het vorige hoofdstuk werden al enkele observatiemethoden genoemd. Hierna zal ik een aantal observatiemethoden bespreken die in de hulpverlening kunnen worden gebruikt. Ik begin met de zogenaamde participerende observatie, omdat deze werkwijze bij SPH'ers zeer gebruikelijk is. Vervolgens bespreek ik twee andere observatiemethoden die vaak worden gebruikt, namelijk *time sampling* en *behaviour sampling*. Daarna ga ik in op de verantwoording van de betrouwbaarheid en geldigheid van het observatieplan. En ten slotte sta ik stil bij de conclusies die op basis van de observaties kunnen worden getrokken.

Participerende observatie

De methode van participerende observatie komt uit de culturele antropologie, de studie van niet-westerse volken en culturen. In de jaren twintig van de vorige eeuw begonnen onderzoekers naar verre landen te reizen om de manier van leven van de daar wonende mensen te bestuderen. Het ging om volkeren die toen nog 'primitief' werden genoemd en die geen schrift kenden. De antropoloog moest de taal ter plekke leren. Dat kostte natuurlijk tijd en dat was een van de redenen waarom antropologen een tot twee jaar bij 'hun' volk bleven. De andere reden was dat ze een levensecht en diepgaand beeld wilden schetsen van de gewoontes en de manier van leven. Daarom kozen ze altijd een kleine gemeenschap uit, een dorp of een stam, die in al zijn facetten werd bestudeerd en beschreven. Antropologen gingen (en gaan) uit van een holistisch maatschappijbeeld: je begrijpt een samenleving pas als je de leefwijze van mensen in zijn totaliteit bekijkt.

culturele antropologie

Antropologen bestudeerden het volk waarbij ze woonden door deel te nemen aan het dagelijkse leven: ze *participeerden*. Ondertussen behielden ze een zekere afstand: ze observeerden en schreven op wat ze zagen. Ze maakten weinig gebruik van formele interviews. De mensen bij wie ze woonden waren niet aan deze gespreksvorm gewend, waardoor pogingen daartoe vaak mislukten. Het bleek beter om de vragen die onderzoekers hadden terloops te stellen als zich een gelegenheid voordeed. Er is een (soms groot) verschil tussen wat mensen zeggen dat ze doen, denken dat ze doen en daadwerkelijk doen. Door de uitspraken van mensen te vergelijken met de uitkomsten van observaties, zijn antropologen vaak in staat een compleet en diepgaand beeld van de onderzochte werkelijkheid te geven.

Vanuit andere, meer exacte wetenschappen kwam lange tijd kritiek op deze manier van onderzoek, en dan vooral op het subjectieve karakter ervan. De persoon van de onderzoeker is altijd onderdeel van het onderzoeksproces en oefent daar invloed op uit. Dat betekent een zekere subjectieve kleuring van de resultaten van het onderzoek. Tegenwoordig wordt in wetenschappelijke kring echter steeds meer gezien dat 'zachte' kwalitatieve onderzoeksmethoden, zoals participerende observaties en open interviews, en 'hardere' kwantitatieve methoden elkaar juist heel goed kunnen aanvullen.

'zachte' en 'harde' methoden

Cultureel antropologen passen deze methode tegenwoordig ook dicht bij huis toe. Het onderzoek richt zich dan op moeilijk bereikbare groepen, mensen die 'geen stem' hebben en niet worden gehoord. Een voorbeeld hiervan is het onderzoek naar opvallend delinquent groepsgedrag van 'Marokkaanse' jongens in een Amsterdamse achterstandswijk. Criminoloog De Jong (2007) begon met het interviewen van deze jongens; daarna hing hij langdurig met ze rond. In totaal deed hij drie jaar onderzoek. Hierdoor was hij in staat een diepgaand beeld van binnenuit te schetsen van de groepscultuur van deze jongens en van de mechanismen die tot delinquent groepsgedrag leiden. In het boek *Kapot moeilijk* (straattaal voor 'stoer gedrag') concludeert hij dat het gaat om jongens met algemeen menselijke behoeften aan erkenning, vermaak en veiligheid. Interne groepsdynamische processen en de reacties daarop van de buitenwereld verklaren veel beter waarom deze jongens tot delinquent gedrag komen, dan verklaringen die het zoeken in 'de Marokkaanse cultuur'.

'verhalende' of 'beschrijvende' observatie

Ook in de hulpverlening is participerende observatie een bruikbare methode. Het wordt ook wel 'verhalende' of 'beschrijvende' observatie genoemd. Wanneer je werkt met mensen die zich verbaal niet of moeilijk kunnen uiten, kan informatie over hun gevoelens en verlangens alleen maar uit observaties komen. Maar ook bij mensen die dat wel kunnen, zijn observaties een goede aanvulling op informatie uit gesprekken. Zoals ik al zei: er is een verschil tussen wat mensen zeggen dat ze doen en wat ze daadwerkelijk doen. Je observeert tijdens de dagelijkse gang van zaken terwijl je met de cliënt bezig bent. Niet in het wilde weg, want je hebt een doel in je hoofd. Je hoeft je niet te beperken tot kijken: je kunt dingen vragen op het moment dat er iets gebeurt. Je kunt kijken hoe mensen zich in verschillende situaties gedragen en hoe ze op verschillende situaties reageren. Dat geeft je de gelegenheid te experimenteren en de reacties van de cliënt te observeren: de student die Marleen observeert, maakt hier gebruik van en het levert nuttige informatie op over de aanpak die zou kunnen werken.

experimenteren en en reacties observeren

Je moet niet de illusie hebben dat je de hele dag participerende observatie doet of kunt doen: het is een vermoeiende en tijdrovende methode. Als SPH'er neem je wel de hele dag waar, maar je moet aandacht schenken aan alle cliënten, aan de groep, en aan je eigen contact met die individuen en die groep en dan ook nog eens aan je collega's. Dat continu waarnemen is een tweede natuur of dat gaat het na verloop van tijd worden, maar dan heb je nog niet gericht geobserveerd. Dat doe je pas als je jezelf een doel hebt gesteld en daar een vraag bij hebt gesteld. Het is niet eenvoudig om de tijd en gelegenheid te vinden om een cliënt participerend te observeren. Houd er rekening mee dat je maar een beperkte tijd gegevens kunt opnemen. Met een halfuur observeren kun je al veel zien.

Vraag je af of het mogelijk is om tijdens je gewone werkzaamheden te observeren. Kun je je genoeg op de cliënt concentreren? Van tevoren bedenk je hoe je de observatie gaat organiseren: in welke omgeving, met welke aanwezigen – dus in welke context? Je maakt aantekeningen die je zo snel mogelijk na de observatie uitwerkt in een observatieprotocol: een uitgebreide en precieze beschrijving van datgene wat je hebt gezien. Hoe langer je daarmee wacht, hoe minder betrouwbaar de gegevens worden. Dat betekent veel schrijfwerk.

Participerende observatie gebeurt per definitie in interactie met de cliënt. Dit betekent dat jij onderdeel bent van die interactie en dat de reacties van de cliënt te maken hebben met jou als persoon en als werker. Bij het observeren en het uitwerken van je gegevens betrek je dus ook je eigen gedrag.

Participerende observatie heeft voordelen boven andere methoden: je kunt breed kijken en je mist weinig. Onverwachte zaken kunnen

voordelen participerende observatie

worden meegenomen en zo kun je op nieuwe ideeën komen. Dingen die je met een preciezere vraagstelling niet zou zien, zie je nu wel. Dus de breedte, de compleetheid en de levensechtheid zijn voordelen die opwegen tegen de nadelen. Deze vorm van observeren levert je *beschrijvingen* op. Op basis van de analyse en interpretatie van die beschrijvingen kun je patronen gaan zien in het gedrag van de cliënt. Het past goed in de oriënterende fase, als je nog niet veel weet. Ook kun je de beschrijving gebruiken om verklaringen te zoeken voor verbanden die je al eerder hebt gevonden.

Time sampling

Participerende observatie is een open vorm van observatie. Als je een as uitzet met open observaties aan de ene kant en gesloten observaties aan de andere, dan staat time sampling helemaal aan de andere kant. Bij time sampling neem je als het ware steekproeven in de tijd. Je gaat vooraf vastgestelde tijdsintervallen, 'partjes' tijd, observeren, bijvoorbeeld elk uur vijf minuten. Het doel daarvan is vooral om te kijken of bepaald gedrag voorkomt, en zo ja, hoe vaak. Dit laatste noem je ook wel: *kwantificeren*, een verschijnsel cijfermatig maken. Het gedrag dat je wilt 'tellen' (het zogenaamde doelgedrag) moet aan twee voorwaarden voldoen. Ten eerste moet het heel nauwkeurig omschreven zijn. Een observatie van 'contact maken' is niet specifiek genoeg: gaat het om oogcontact, aanspreken of aanraking? Als je dat niet goed definieert terwijl je met meer mensen observeert, heb je kans dat je allemaal iets anders observeert en iets wel of niet telt. Ten tweede moet het gaan om gedragingen die heel vaak voorkomen, zoals een tic die iemand heeft, lachen, het maken van oogcontact of de frequentie waarmee mensen elkaar aanspreken. Gedrag dat verspreid in de tijd voorkomt, bijvoorbeeld enkele keren per dag of per week, kan met deze methode minder goed worden onderzocht.

tellen van nauwkeurig omschreven gedragingen

Je stelt van tevoren vast op welke momenten je gaat observeren en hoelang. Als instrument gebruik je doorgaans een checklist of turflijst. Het is mogelijk iets meer gegevens op een checklist op te nemen dan alleen turven (bijv. de intensiteit van gedrag, hoelang iets duurt), maar het kan nooit veel zijn. Ook is het mogelijk meerdere mensen te observeren. Je vult de lijst tijdens het observeren in. Daarom kun je dit niet participerend doen.

Het nadeel van deze methode is dat je alleen cijfermatige informatie krijgt en geen kwalitatieve gegevens. De methode richt zich uitsluitend op het gedrag zelf en niet op de context. Het is een methode die kan worden gebruikt als aanvulling op participerende observatie. Hypothesen die je op basis daarvan hebt opgesteld, kun je zo testen. Het is mogelijk theoretische kennis te gebruiken, zoals het eerder gegeven voorbeeldje uit de groepsdynamica.

Time sampling heeft zeker ook voordelen: het gaat snel en de observatie is gemakkelijk te registeren. Ook de verwerking van de gegevens kan vlot gaan. Ten slotte levert het, als aan de voorwaarden is voldaan, betrouwbare informatie op.

Behaviour sampling

Behaviour sampling[1] staat tussen de open vorm van de participerende observatie en de gesloten vorm van time sampling in. Je zou kunnen zeggen dat het een halfopen vorm is. Je doel is om bepaald gedrag (*behaviour*) nader te onderzoeken. Je bent dus toegespitster bezig dan bij de open vorm van participerende observatie, waarin je alles meeneemt om een zo compleet mogelijk beeld te geven. Tegelijkertijd ben je uitgebreider dan het turven bij time sampling.

in kaart brengen van gedrag

Bij behaviour sampling gaat het om gedrag dat niet de hele dag door voorkomt, maar een aantal malen per dag of minder, of om gedrag dat op bepaalde momenten van de dag voorkomt, zoals bij de maaltijd. En het gaat om gedrag waarvan je meer wilt weten dan alleen hoe vaak het voorkomt. Je wilt weten welke factoren in de context mogelijk een rol spelen bij het vóórkomen van het gedrag. Met deze methode kun je ook goed observeren wat het verloop is in gedrag of in een interactie. We noemen dat een *sequentie*, gedragsketen: wat gebeurt er eerst en wat volgt erop? Hypothesen die te maken hebben met aangeleerd gedrag en sociale hypotheses kunnen hiermee goed worden onderzocht.

sequentie of gedragsketen

Als het te observeren gedrag (het doelgedrag) zich voordoet (bijv. een regelmatig terugkerende ruzie, een jongere die weigert zijn taken te doen, een kind met driftbuien, problematisch gedrag tijdens de maaltijd), wordt er geobserveerd en geregistreerd wat er gebeurde. Als je dat elke keer dat het gebeurt doet, weet je ook exact hoe

---

[1] Goossens (2008) gebruikt deze term ter vervanging van het gebruikelijke '*event sampling*'. Ik volg zijn voorbeeld, omdat het woord '*event*' (gebeurtenis) tot verwarring leidt. Het gaat om gedrag (behaviour).

vaak het gedrag voorkomt, maar je kunt ook steekproeven *(samples)* van het gedrag nemen.

Net als bij de time sampling gaat het bij behaviour sampling om concreet gedrag dat nauwkeurig moet zijn omschreven, opdat iedereen precies weet waarnaar hij moet kijken om tot betrouwbare uitspraken te kunnen komen. Bij de observatie moet duidelijk zijn hoe de aard van het gedrag, de duur en de intensiteit en de omstandigheden moeten worden geregistreerd of beschreven. Je let niet alleen op de cliënt, maar ook op de context waarin het gedrag plaatsvindt. Op welk moment gebeurt het, in welke ruimte, in aanwezigheid van welke andere cliënten en welke werkers, tijdens welke activiteit – desnoods wat voor weer het is. Als je al een hypothese hebt over welk verband er zou kunnen bestaan tussen factoren in de context en het te observeren gedrag, let je ook op omstandigheden waarin het gedrag zou kúnnen voorkomen, maar dat niet gebeurt. Zo voorkom je dat je aan die factoren te veel gewicht toekent. Ten slotte is het van belang dat je registreert wat er aan het gedrag voorafging en wat erop volgde. Datgene wat voorafging kan je op het spoor brengen van aanleidingen tot gedrag. Lastig is om te bepalen hoe ver je moet terugkijken (een halfuur voorafgaand aan de gebeurtenis, het verloop van de dag of misschien wel het weekend ervoor?). Wat er volgde op het gedrag kan duidelijk maken wat het gedrag de cliënt kost of oplevert. In de volgende paragraaf over het ABC-schema gaan we daar dieper op in.

gedrag plaatsen tussen aanleiding en gevolg

Met behaviour sampling kun je onderzoeken welke factoren van invloed zijn op bepaald gedrag of op een bepaalde gebeurtenis. Je kunt zowel van binnenuit observeren als van buitenaf. Nadeel is dat het moeilijk is om een betrouwbaar observatieformulier te ontwerpen. Bovendien vergt het veel van werkers om goed te registreren, maar met enige oefening is er goed mee te werken. Voordeel is dat behaviour sampling in relatief korte tijd veel gegevens oplevert. In de hulpverlening wordt deze observatiemethode het meest gebruikt.

HET ABC-SCHEMA

Een specifieke manier van behaviour sampling is het maken van een zogenaamd ABC-schema. Het gedrag van de een heeft effect op de ander, en dat gedrag van de ander heeft weer effect enzovoort. Het ABC-schema is een goed hulpmiddel om deze ketens te gaan zien. A staat dan voor 'antecedent' (datgene wat eraan voorafgaat, of zo je wilt 'de aanleiding'), B staat voor behaviour (gedrag), het 'doelgedrag' dat je wilt observeren en C staat voor consequentie (gevolg). C is tegelijkertijd weer de antecedent, de aanleiding voor ander gedrag, dus dat zet je weer onder A. Als het gedrag dat je wilt observeren zich voordoet, kun je dat het best eerst 'gewoon' opschrijven, zo concreet mogelijk en met zowel verbaal als non-verbaal gedrag.

Daarna kun je het als volgt in een schema zetten (zie fig. 7.1):

Figuur 7.1 Een voorbeeld van een ABC-schema

A (antecedent/aanleiding)	B (behaviour/gedrag)	C (consequentie/gevolg)
Begeleidster Nadia loopt langs Marleen, die de krant zit te lezen in de woonkamer.	Marleen zegt glimlachend tegen Nadia: 'Ik lees hier dat Obama steeds minder populair wordt.'	Nadia zegt gehaast: 'Nu even niet Marleen, ik moet een telefoontje plegen.'
Nadia zegt gehaast: 'Nu even niet Marleen, ik moet een telefoontje plegen.'	Marleen zegt: 'Internationaal gezien is dat anders wel belangrijk, hoor.'	Nadia zegt met irritatie in haar stem: 'Kan wel zijn, maar ik heb even geen tijd.'
Nadia zegt met irritatie in haar stem: 'Kan wel zijn, maar ik heb even geen tijd.'	Marleen zegt iets luider: 'Kan ik alweer een pijnstiller krijgen?'	Nadia reageert niet en loopt naar de telefoon.
Nadia reageert niet en loopt naar de telefoon.	Marleen roept op zeer luide toon: 'Nadia, ik hou die pijn echt niet vol, ik móet nu een pijnstiller hebben.'	Nadia loopt zuchtend terug naar Marleen en zegt: 'Niet zo zeuren Marleen, ik zei toch dat ik even moet bellen.'

Het resultaat is een soort slang die van A naar B naar C gaat en dan weer naar A. Het dwingt je om gedragingen echt als interactie te zien, waarbij het gedrag van de één reactie van de ander oproept. Bovendien is het ABC-schema een hulpmiddel bij het analyseren: je hebt al een eerste ordening in wat er aan gedrag voorafgaat en wat erop volgt. Zo kun je bijvoorbeeld zien wat een cliënt 'triggert' en wat het gedrag een cliënt kost of oplevert. SPH'ers kunnen hiermee met enige oefening goed uit de voeten. In de ambulante jeugdhulpverlening wordt het ook gebruikt om ouders zelf het gedrag van hun kind in kaart te laten brengen (Bosch, 1992). Hulpverleners kunnen dit ook samen met een cliënt doen, om hun inzicht te geven in hun eigen gedrag.

Betrouwbaarheid en geldigheid

Betrouwbaarheid en geldigheid zijn twee begrippen die je vaak tegenkomt als het gaat om het doen van onderzoek. Als je verslagen leest van wetenschappelijk onderzoek, zal er doorgaans een paragraaf aan deze twee begrippen zijn gewijd. SPH'ers zijn geen wetenschappers en hoeven dat ook niet te zijn. Toch is het goed om te weten wat deze begrippen betekenen. Als je onderzoeken leest, weet je wat ermee wordt bedoeld en kun je je eigen oordeel vormen over de betrouwbaarheid van het onderzoek. Maar ook is het belangrijk om bij de opzet van je diagnostisch onderzoek en in je observatieverslag aandacht te schenken aan deze twee begrippen.

Wat betekenen de termen 'betrouwbaarheid' en 'geldigheid' precies en in hoeverre zijn ze verschillend? Ze hebben met elkaar te maken. Laten we beginnen met betrouwbaarheid. Betrouwbaarheid verwijst in de eerste plaats naar *nauwkeurigheid en zorgvuldigheid*. Is datgene wat je hebt gevonden onafhankelijk van het toeval? Zou een andere onderzoeker die hetzelfde onderzoek doet, hetzelfde hebben gevonden? Waren de gebruikte methoden en instrumenten de juiste om je doel te bereiken? Je kunt het vergelijken met een meubelmaker. Als hij zijn instrumenten goed gebruikt, bijvoorbeeld zijn duimstok, zal hij een stevige en rechte tafel bouwen, net als anderen die dezelfde meetlat gebruiken. Hij kan het zeker weten door alles nog eens na te meten en een ander te vragen de meting te controleren.

Nu zijn sommige methoden van zichzelf betrouwbaarder dan andere. Een van de nadelen van participerende observatie is, zoals ik al zei, dat het resultaat subjectief gekleurd kan zijn; time sampling is als gestructureerde methode betrouwbaarder. Dit wil zeggen dat twee observatoren bij time sampling eerder dezelfde uitkomsten zullen krijgen dan twee onderzoekers bij participerende observatie. Je bent je eigen instrument en naarmate je beter bent in observeren en registeren, ben je als onderzoeker betrouwbaarder.

Met het gebruik van registratie-instrumenten kun je de betrouwbaarheid van je observaties verhogen: audio- en video-opnames kunnen een goede ondersteuning zijn. Een waarschuwing is hierbij op zijn plaats: als het gebruik van dergelijke apparatuur de cliënt hindert, heeft dat juist weer een negatief effect op de betrouwbaarheid.

Juist bij 'onbetrouwbare' methoden is het belangrijk aandacht te besteden aan het verhogen van de betrouwbaarheid. Dat kun je op een aantal manieren doen. Eén daarvan is gebruikmaken van meerdere onderzoekers die hun bevindingen naast elkaar leggen en tot hetzelfde oordeel komen. We noemen dat interbeoordelaarsbetrouwbaarheid. Een manier om de betrouwbaarheid van het onderzoek te verhogen, is dat op meerdere momenten wordt geobserveerd, zodat toeval van het moment kan worden uitgesloten.

verhogen van de betrouwbaarheid

Betrouwbaarheid is in een kwadrant te zetten, waarbij de observatie op twee assen wordt gezet (zie fig. 7.2). De verticale as is die van de positie die je kiest: neem je deel aan de situatie terwijl je observeert (intern), of stap je eruit om van buitenaf te kunnen kijken (extern). De horizontale as is die van de methode die je kiest. De methoden lopen van een (relatief) ongestructureerde methode als participerende observatie tot de gestructureerde turflijst.

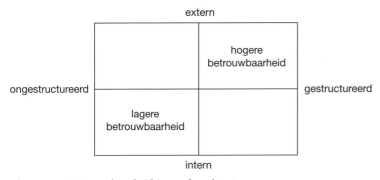

Figuur 7.2 *Betrouwbaarheid in een kwadrant*

Bij dit kwadrant lijkt het voor de hand liggend om te zeggen: 'Oké, we gaan alleen extern observeren en alleen met gestructureerde instrumenten, want dat is betrouwbaar.' Dat zou geen goede keus zijn, want je observatiedoel en -vraag bepalen welke methode het meest geschikt is.

VAN BETROUWBAARHEID NAAR GELDIGHEID
Het is mogelijk dat er betrouwbaar is geobserveerd, maar dat de uitkomsten toch niet overeenkomen met de werkelijkheid. En dat laatste is waar geldigheid over gaat. Voor geldigheid wordt ook wel het woord 'validiteit' gebruikt. Dat komt van het Latijnse woord 'valere', wat 'waard zijn' betekent. Als je het dus over geldigheid of validiteit hebt, vraag je je af wat je observaties en onderzoeken waard zijn. Om

afspiegeling van de werkelijkheid

iets waard te zijn, moet je onderzoek om te beginnen zo betrouwbaar mogelijk zijn. Daarmee bedoel ik niet dat je alleen betrouwbare manieren moet gebruiken, integendeel. Wel bedoel ik dat je met het gebruik van verschillende methoden die elkaar aanvullen de geldigheid kunt verhogen. Geldigheid heeft ook (en vooral) te maken met de opzet van je onderzoek: heb je de juiste hypothesen gesteld? Passen de onderzoeksmethoden bij je onderzoeksdoel? Heb je de observatievraag goed geoperationaliseerd?

verhogen van de geldigheid

Bij de geldigheid is het ook belangrijk om ruim aandacht te besteden aan de manier waarop jijzelf degene die wordt geobserveerd mogelijk hebt beïnvloed. In het geval van een gesprek maakt het uit of je met de cliënt hebt gepraat in het kamertje van de arts nadat je hebt aangekondigd dat je een gesprek wilde, of dat je tijdens een fietstocht je vragen hebt gesteld. De manier waarop de cliënt zichzelf heeft kunnen zijn, heeft hier regelrecht mee te maken. Daarom is ook het gebruik van betrouwbare apparatuur soms af te raden. Als mensen van een videocamera bloednerveus worden, verlaagt dat de geldigheid.

Geldigheid heeft ook betrekking op de analyse en interpretatie van je gegevens. Het is belangrijk de interpretaties van de gegevens niet alleen te doen, maar ook hier te streven naar intersubjectiviteit. Ook kun je bij de interpretatie gegevens uit andere bronnen gebruiken. Juist als SPH'er ben je vaak in de gelegenheid om dat te doen: je hebt contact met ouders of verwanten, medewerkers van het dagactiviteitencentrum of de werkplaats, of een leerkracht. Als bevindingen op verschillende plaatsen uiteenlopen, is dat een bron van informatie.

verantwoording van betrouwbaarheid en geldigheid

In een observatieverslag besteed je aandacht aan de betrouwbaarheid en de geldigheid. Hoe was je van plan om het onderzoek te doen? Hoe is dat daadwerkelijk verlopen? Er gaan altijd dingen mis: de voeding van de videocamera bleek leeg, tijdens de periode dat zou worden gescoord had het halve team griep en de invallers hebben het scoringswerk niet gedaan, bij de analyse blijkt dat iedereen het formulier op verschillende manier heeft gebruikt, zodat je gegevens niet kunt vergelijken. Misschien is dat allemaal geen ramp, maar je moet wel bedenken wat je onderzoek dan waard is; hoe geldig het is. In je verslag geef je een verantwoording van de betrouwbaarheid en geldigheid van de observaties. Om je houvast te geven bij de bespreking daarvan, is hetgeen waarop je moet letten om tot een zo betrouwbaar en geldig mogelijk onderzoek te komen in het volgende schema opgenomen (zie fig. 7.3).

Figuur 7.3 Betrouwbaarheid en geldigheid van observaties	
Betrouwbaarheid: nauwkeurigheid, onafhankelijk van het toeval	**Geldigheid of validiteit: waarde, afspiegeling van de werkelijkheid**
Meerdere momenten in de tijd	Grondige opzet en operationalisering vraagstelling
Manier van vastleggen, registreren van gegevens	Doel, vraagstelling en methode van onderzoek passen bij elkaar
Overeenstemming tussen verschillende onderzoekers/verschillende onderzoekers hebben hetzelfde gezien	Gebruik van verschillende, elkaar aanvullende onderzoeksmethoden
Gebruik van betrouwbare methoden en instrumenten	De cliënt heeft 'natuurlijk' gedrag kunnen vertonen
	De gegevens kloppen met gegevens uit andere bronnen

Van ordening naar conclusie

Aan het eind van de observatieperiode heb je een stapel scoreformulieren, uitgeschreven observatieprotocollen en verslagen van de gesprekken met de cliënt. Hoe ga je die allemaal verwerken? Je gaat nu beschrijven, ordenen en analyseren. Bij het beschrijven is het belangrijk dat je zo concreet mogelijk het geobserveerde gedrag beschrijft. Maak duidelijk onderscheid tussen feiten en interpretaties. Interpreteren mag, of liever gezegd: moet. Uiteindelijk is het de bedoeling dat je een conclusie trekt op basis van de observaties. Dat is alleen mogelijk als je durft te interpreteren, maar dan wel graag op basis van een goede beschrijving van onderzoeksgegevens.

feiten en interpretaties

Ik zei eerder al dat analyseren 'losmaken' betekent. Bij het stellen van hypothesen en het formuleren van doelen ben je daar al mee begonnen. Door het stellen van observatievragen en het operationaliseren daarvan in deelvragen ga je daarin nog een stap verder. Nu ga je de gevonden gegevens ordenen. In eerste instantie gebruik je de deelvragen om orde aan te brengen in de gegevens. Op basis van deze ordening geef je een beschrijving van een patroon in het geobserveerde gedrag, zoals de leerling over Marleen.

Als je een louter beschrijvend doel had, ben je al bijna klaar. Meestal wil je meer. Dat is de volgende stap in je analyse. Je gaat verbanden leggen en probeert verklaringen te vinden voor de verbanden die je hebt gevonden. Ook probeer je opvallende zaken te verklaren die

verbanden en verklaringen

niet in het patroon passen. Je bent dan aan het interpreteren. Daarbij grijp je terug op je voorinformatie en op je onderzoeksvragen. Als je denkt te weten 'hoe het zit', ga dan in je materiaal actief op zoek naar 'bewijzen van het tegendeel'.

een diagnose is een nieuwe hypothese

Aan het eind kijk je of je de observatievraag kunt beantwoorden en of je het observatiedoel hebt bereikt. Je bent nu klaar om een conclusie te trekken. Deze conclusie is je *diagnose*. In feite is de diagnose niets anders dan een nieuwe hypothese. Je diagnose berust immers op een interpretatie en je kunt nooit zeker weten of je het goed hebt of niet. Een van de manieren om te kijken of je gelijk hebt met je diagnose is je hypothese in de praktijk testen. Dat kun je doen door een vermoedelijke oorzaak van het gedrag weg te nemen of de omstandigheden aan te passen. Als het gedrag dan verdwijnt of afneemt, is de kans groot dat je gelijk had. In het geval van Marleen kwam het gedrag waarmee de observatie begon, het 'klampen', in de uiteindelijke beschrijving van de situatie niet meer voor, wel het luid herhalen van een vraag of klacht. Dat gedrag wordt als signaal benoemd. De oorzaak ervan, de negatieve patronen in de interactie tussen Marleen en haar begeleiders, is de diagnose. Het handelingsplan zal zich dus niet richten op het gedrag van Marleen, maar op haar behoefte aan contact en bezigheden én aan duidelijkheid. Als je diagnose klopt, komt het 'geklaag' vanzelf wel goed. Met het stellen van een diagnose is de onderzoeksfase of diagnostische fase afgesloten. De diagnose vormt de basis van de volgende fase, de fase van de planning.

De Plancyclus

evalueren

uitvoeren

oriënteren

plannen

diagnosticeren

8 Planning, uitvoering en evaluatie

Het probleemgedrag van een cliënt of de problematische situatie rondom een cliënt vormde de aanleiding tot het doorlopen van de plancyclus. Het onderzoek dat is gedaan, heeft als het goed is materiaal opgeleverd waarmee je het gedrag nader hebt kunnen analyseren en interpreteren. Je hebt de ongewenste situatie beschreven waarvoor je een oplossing gaat bedenken en een verklaring gegeven voor deze situatie: dat is de diagnose. Deze diagnose vormt de start van de planningsfase, die begint met het stellen van een doel.

In het ideale geval kun je de conclusie bespreken met de cliënt, en zul je het doel samen met de cliënt stellen. Dat zal ervoor zorgen dat de doelen haalbaar en acceptabel zijn voor de cliënt. Met Marleen uit de casus van hoofdstuk 6 kan dat, maar sommige cliënten kunnen zich nauwelijks verbaal uiten. Zij zijn totaal afhankelijk van jouw interpretaties en jouw acties. Grote zorgvuldigheid is dus geboden.

Moet er wel iets veranderen?

Bij het formuleren van de ongewenste situatie verantwoord je ook waaróm je hieraan wilt gaan werken. Waarom is het erg dat de situatie is zoals hij is? Moet er eigenlijk wel iets aan de situatie veranderen? Als je jezelf die vraag stelt, kom je op het spoor van je eigen waarden en normen als hulpverlener. Door als team en als instelling in gesprek te gaan over wat als een problematische situatie of wat als ongewenst gedrag wordt beschouwd, creëer je gemeenschappelijke waarden en normen. Bij het stellen van doelen en het plegen van interventies is er bijna altijd sprake van waarden en normen, al zijn we ons daarvan niet altijd bewust. Het volgende verhaal over Paul is hier een voorbeeld van.

waarden en normen

> **Paul draagt geen onderbroek in bed**
> Paul is een jongen van 15 jaar met een verstandelijke beperking. Hij gaat naar een zmlk-school (school voor zeer moeilijk lerende kinderen). Hij kan goed verwoorden wat hij denkt, voelt en vindt. Regelmatig brengt hij het weekend door in een logeerhuis. Een logeerhuis is bedoeld om ouders tijd voor zichzelf te geven en kinderen een leuke tijd te bezorgen.
> Op een gegeven moment komt Paul boos terug van een weekend in het logeerhuis. Hij heeft, naar hij zelf zegt, een groot conflict met de leiding gehad. Wat was er gebeurd? Bij het naar bed gaan zag een groepsleider dat Paul geen onderbroek onder zijn pyjama aandeed. De groepsleider droeg Paul op om wel een onderbroek aan te doen. Paul legde uit dat dat bij hem thuis niet de gewoonte was. Hij droeg nooit een onderbroek in bed en zou het ook niet prettig vinden om er wel een aan te hebben.
> De groepsleider hield voet bij stuk en Paul ook. Paul weigerde de onderbroek aan te doen. Voor straf moest Paul vervolgens meteen naar bed, terwijl de andere kinderen, van wie er enkele jonger waren dan Paul, nog een poosje beneden mochten spelen. Paul vertelde aan zijn moeder: 'Dan voel je je wel alleen hoor, als je die kleine erwten daar beneden hoort en jij ligt boven. Weet je, die groepsleiding, die heeft geen respect voor mij.'

Dit voorbeeld gaat over normen, maar meer nog over autoriteit. Het gaat over de vraag wie de baas is en wie een ander iets mag opdragen. Je kunt plannen bedenken en doelen stellen tot je groen en geel ziet, maar heb jij wel het recht om dat te doen? En als er iets moet gebeuren, ben jij dan de aangewezen persoon om dat te doen?

Het stellen van handelingsdoelen

Aan de hand van de diagnose formuleer je een handelingsdoel.[1] Een handelingsdoel is datgene wat je met je handelingsplan wilt bereiken. Een handelingsdoel sluit altijd direct aan op de diagnose. De beste manier om daarvoor te zorgen is om een handelingsdoel te formuleren als het positieve spiegelbeeld van de diagnose.

---

1 De beschrijving die volgt heb ik overgenomen van Kapteyn (1996), die het model uitgebreid in zijn boek behandelt. Het is een basismodel voor het oplossen van problemen, dat de hele plancyclus behelst. Ik neem het model van Kapteyn over voor de planningsfase.

DOELCRITERIA

Bij het stellen van doelen is het belangrijk dat dat zo concreet mogelijk gebeurt. Een voorwaarde daarvoor is een zo precies en concreet mogelijk geformuleerde diagnose: een beslagen spiegel geeft een beslagen spiegelbeeld en daar zie je weinig in. Het is de bedoeling dat een doel wordt behaald, maar dat is makkelijker gezegd dan gedaan. Doelen worden vaak niet behaald, omdat ze bijvoorbeeld te hoog gegrepen zijn. Frustratie aan alle kanten is het gevolg. Maar hoe zorg je er nu voor dat je een haalbaar doel formuleert? Het SMART-model kan daarbij behulpzaam zijn. Hierna zie je waar de letters van het woord 'smart' (Engels voor 'slim') voor staan.

positief spiegelbeeld

> **SMART-criteria**
> S Specifiek
> M Meetbaar
> A Actief
> R Realistisch
> T Tijdgebonden

De S staat voor het feit dat elk doel zo specifiek en concreet mogelijk geformuleerd moet zijn. Daaruit vloeit meteen het volgende voort: hoe concreter een doel is omschreven, hoe beter je kunt zien of het wel of niet is behaald. Dat heeft te maken met de M van meetbaarheid: wat zijn je evaluatiecriteria, wanneer is je doel wel of niet behaald?

De A staat voor actief. Het woord 'actief' slaat in dit verband op de formulering. Formuleer handelingsdoelen niet negatief, dat wil zeggen niet in termen van 'niet-gedrag' (bijv. 'De begeleiders reageren niet meer negatief op het initiatief tot contact van Marleen'). Breng onder woorden welk gedrag gewenst is. Gebruik geen passieve zinnen met het werkwoord 'worden' ('Marleen wordt intensiever begeleid'). In een dergelijke zin is vaak niet duidelijk wie wat gaat doen, het leidt tot vaagheid. Beter is: 'Marleen doet drie keer per week een individuele activiteit, die aansluit bij haar belangstelling, met een begeleider.' Hetzelfde geldt voor zinnen met 'willen' en 'kunnen'. Willen en kunnen zijn weliswaar voorwaarden voor gedrag, maar zijn nog geen concreet gedrag en daar gaat het uiteindelijk om: concreet gedrag kun je bij wijze van spreken filmen.

concreet gedrag

De R van realistisch zorgt ervoor dat je een plan maakt waarvan de doelen niet alleen concreet, in termen van concreet gedrag en met concrete evaluatiecriteria, zijn beschreven, maar waarvan je je ook afvraagt of het in deze context haalbaar is. Nu is dat niet zo makkelijk vooraf vast te stellen, maar wel is het zinnig om nu al te kijken of de formulering niet te hoog gegrepen is. Om het realistische gehalte vast te stellen, maak je een aparte analyse van de haalbaarheid. Daar kom ik nog op terug.

evaluatiecriteria

De laatste letter, de T, staat voor tijdgebonden. Stel jezelf altijd een termijn waarbinnen je een doel wilt hebben behaald. Dat heeft twee functies: ten eerste voorkom je dat het plan op de lange baan kan worden geschoven omdat er geen tijd is vastgesteld, en ten tweede kun je je afvragen of je plan in de gestelde tijd realistisch is.

Formuleer je handelingsdoel kort en bondig. Gebruik het SMART-model om je handelingsdoelen kritisch onder de loep te nemen en de formulering zo nodig aan te scherpen. Vaagheid in de tekst betekent hier bijna altijd vaagheid in denken, wat resulteert in vage doelen en slechte resultaten.

ANALYSE VAN DE HAALBAARHEID

realistisch en haalbaar

Hiervoor zei ik al dat je een kritische inschatting gaat maken om te kijken of je plan realistisch en dus haalbaar is. Dat is geen nattevingerwerk: je maakt zelfs een analyse van de haalbaarheid. Dat klinkt misschien ingewikkelder dan het is. Tijdens je oriëntatiefase en je onderzoeksfase heb je al veel gegevens over het probleem of de situatie verzameld, geanalyseerd en geïnterpreteerd. Die kun je nu goed gebruiken om de analyse van de haalbaarheid te maken. Misschien heb je er echter ook nog wat aanvullende gegevens voor nodig.

Wat je gaat doen is de bevorderende en belemmerende factoren inventariseren.

BEVORDERENDE EN BELEMMERENDE FACTOREN

De bevorderende factoren zijn alle elementen in de situatie of de persoon die ervoor kunnen zorgen dat het doel zal worden behaald. Het kan gaan om materiële zaken (bijv. geld, voldoende personeel, voldoende ruimte en materiaal) en immateriële zaken (bijv. aanwezige deskundigheid en ervaring in het team, en goede samenwerking). Ook motivatie, de wil om iets te laten lukken, een positieve instelling en de mogelijkheden tot ontwikkeling bij de cliënt vallen hieronder.

De belemmerende factoren zijn alle zaken die ervoor kunnen zorgen dat je plan zal mislukken en dat de cliënt en jij het doel niet halen. Ook hier kan het gaan om materiële zaken als gebrek aan geld, personeelsgebrek, te krappe behuizing en te weinig materiaal. En ook hier gaat het om immateriële zaken als gebrek aan samenwerking, gebrek aan motivatie bij de betrokkenen, te weinig deskundigheid en onoverkomelijke psychische of lichamelijke stoornissen.

Probeer in deze inventarisatie zo volledig mogelijk te zijn. Een goede manier is om te brainstormen over de factoren en daarbij gebruik te maken van de drie niveaus waarop je hypothesen hebt gesteld. Bij het laatste niveau, dat van de maatschappij als geheel, neem je ook de professionalisering van het beroep in ogenschouw. Het feit dat er binnen de hulpverlening als geheel expertise aanwezig is of goede methoden zijn ontwikkeld om een bepaald probleem aan te pakken, kan bij de bevorderende factoren horen. Regelingen en wetgeving (zoals het persoonsgebonden budget of de Wet maatschappelijke ondersteuning) kunnen heel direct gevolgen hebben voor de mogelijkheden die er zijn. Bezuinigingen op de zorg trouwens ook.

Let erop dat het bij de inventarisatie gaat om het hier en nu, om de situatie zoals die nu is en niet om de voordelen die je verwacht van je plan. Als de inventarisatie compleet is, ga je een weging maken van de factoren. Het gaat om de vaststelling of je het doel gaat proberen te halen of niet. Als er alleen maar belemmerende factoren zijn en geen bevorderende, dan is de conclusie dat het plan niet haalbaar is en dus niet wordt uitgevoerd. Het gaat hierbij niet louter om het tellen van factoren, maar om het relatieve gewicht van elke factor afzonderlijk en de manier waarop ze zich tot elkaar verhouden. Iemand kan bijvoorbeeld grote lichamelijke beperkingen ondervinden, maar beschikt over een sterke wil, doorzettingsvermogen, veel veerkracht en een ondersteunende omgeving. De kans van slagen is dan groter dan bij iemand met mogelijk lichtere lichamelijke beperkingen maar zonder dergelijke hulpbronnen.

factoren in het hier en nu

Daarnaast is het goed om je af te vragen hoe het komt dat de bevorderende factoren niet vanzelf tot het gewenste doel hebben geleid. Aan de hand van de inventarisatie wordt de beslissing genomen om wel of niet met het plan verder te gaan. Soms zal blijken dat je onder de omstandigheden je doel te hoog hebt gesteld, of dat de cliënt voor zichzelf onrealistische doelen stelt: de inventarisatie kan je dan helpen het doel naar haalbare proporties bij te stellen.

waarom gaat het niet vanzelf?

BELEMMERENDE FACTOREN WORDEN SUBDOELEN

De inventarisatie van factoren is niet alleen nuttig om de haalbaarheid van je plan te bepalen, ook helpt ze om het doel verder te concretiseren door van belemmerende factoren tussendoelen te maken. Ook bij belemmerende factoren is het mogelijk om het positieve spiegelbeeld te formuleren. Vaak is het echter zo dat de factoren die het meeste gewicht in de schaal leggen (een verstandelijke beperking of een psychiatrische aandoening) het moeilijkst of helemaal niet te beïnvloeden zijn. Wel kun je dan een plan maken hoe er (beter) met dat gegeven kan worden omgegaan.

niet te beïnvloeden factoren

De bevorderende factoren kunnen helpen bij het kiezen van methoden of het bedenken van manieren om het doel te bereiken. Soms zul je daarvoor bestaande methoden gebruiken, maar je kunt ook samen met je collega's en de cliënt nieuwe manieren bedenken om bepaalde problemen te lijf te gaan. Maak van de tussendoelen een fasering: je bepaalt in welke volgorde en in welke tijd de tussendoelen worden behaald. Zo ontwikkel je een concreet stappenplan, waarin het helder is wanneer jullie welk tussendoel bereikt willen hebben en hoe jullie dat gaan bereiken.

Praktijkvoorbeeld: een handelingsplan

Laten we aan de hand van een handelingsplan uit de opvoedingsondersteuning eens kijken hoe een dergelijk plan eruit zou kunnen zien.

> **Serkans broertje doet alles beter**
> Serkan is een 6-jarig jongetje van Turkse afkomst. Hij zit in groep 2 van de basisschool. Hij is een wat stug en teruggetrokken kind. Hij en zijn moeder Hatice doen mee met het plaatselijke Opstapproject. Drie maanden geleden is Serkans kleine broertje Unal, een vrolijke en goedlachse kleuter, 4 jaar geworden. Sindsdien zit hij bij Serkan in de klas en doet hij thuis ook mee met de Opstapwerkjes. Vader heeft een drukke baan in de ICT. Moeder heeft hier in Nederland de mavo gedaan. Om gezondheidsredenen kan ze niet meer werken. Ze heeft veel tijd om met de kinderen te besteden en vindt dat belangrijk. Opstap is een project dat kinderen in 'achterstandsituaties' beter wil voorbereiden op groep 3 van het basisonderwijs. Ook beoogt het project de interactie tussen ouders (in de praktijk

meestal moeders) en kleuters te stimuleren, om zo hun onderwijskansen op lange termijn te verbeteren.
Moeders en kinderen doen vijf dagen per week een kwartiertje spelletjes en werkjes, ze lezen verhaaltjes en zingen liedjes. De moeders worden daarop voorbereid door een buurtmoeder: een vrouw van dezelfde etnische achtergrond, die de taal van de moeders spreekt. Een coördinator traint de buurtmoeders, verzorgt themabijeenkomsten voor de moeders en onderhoudt contacten met de leerkrachten.
Hatice heeft de hulp van de buurtmoeder en de coördinator ingeroepen, omdat ze problemen heeft met Serkan. Ze vindt hem lastig en moeilijk, maar ze maakt zich vooral zorgen over het feit dat hij zo weinig lijkt te snappen. Als ze werkjes doen, heeft Unal, die toch veel jonger is, alles heel snel door. Het lijkt erop dat Serkan juist minder gaat snappen. Ook krijgt hij vaak driftbuien. De laatste tijd weigert hij vaak pertinent mee te doen met Opstap. Alleen het voorlezen vindt hij nog leuk.

driftbuien

Coördinator en buurtmoeder hebben Hatice gevraagd een dagboekje bij te houden waarin ze dagelijks noteert wat ze aan Opstapwerk heeft gedaan, op welk moment van de dag, hoelang, wie erbij aanwezig waren, en hoe Serkan en Unal zich gedroegen. De buurtmoeder heeft een aantal keren geobserveerd toen Hatice met de jongens bezig was. Zij lette vooral op de manier waarop Hatice de Opstaptaakjes met de jongens uitvoerde.
De coördinator heeft, met toestemming van Hatice, contact opgenomen met de juf, om te kijken hoe het op school gaat.

De belangrijkste observatiegegevens
Hierna volgt een samenvatting van de belangrijkste observatiegegevens.
- De driftbuien komen voor bij de gezelschapsspelletjes.
- Serkan weigert vooral de werkjes met voorbereidend rekenen en tellen door een passieve houding aan te nemen, waarbij hij nauwelijks op de omgeving reageert.
- Hij kan lang en geconcentreerd naar een verhaaltje luisteren en daarna vertellen wat hij heeft gehoord.
- Het broertje Unal doet met alle werkjes mee, behalve met het voorlezen.
- Moeder probeert Serkan te stimuleren door Unal als voorbeeld te stellen. Ze is duidelijk geïrriteerd als Serkan lang over een antwoord doet. Ze is zich daarvan bewust, maar kan het naar eigen zeggen moeilijk stoppen.

— Op school is Serkan stil en teruggetrokken. Driftbuien komen daar niet voor. De juf is wel bezorgd over hem en vraagt zich af of hij op het gewone basisonderwijs wel op zijn plaats is. Vooral op het gebied van rekenen ziet ze het somber in.

Conclusie
Het is vooral een probleem in de thuissituatie. Dit is op te maken uit het feit dat de driftbuien op school niet voorkomen. De informatie van de juf ondersteunt het idee dat rekenwerk voor Serkan moeilijk is. Toch is dat op dit moment niet het hoofdprobleem. In een later stadium zou het misschien goed zijn Serkan te laten testen. Het lijkt erop dat Serkan moeilijkheden heeft met het feit dat zijn moeder hem met Unal vergelijkt en dat Unal het werk wel snapt. Op zich is hij wel bereid en in staat om werkjes te doen, getuige het voorlezen. Het lijkt niet een probleem van Serkan zelf, maar een probleem veroorzaakt door de manier waarop de moeder Serkan bejegent en door het feit dat het broertje aan alle werkjes meedoet.

geïrriteerd en ongeduldig

De conclusie of diagnose luidt dan ook: 'Moeder is geïrriteerd en ongeduldig door Serkans prestaties bij de rekenwerkjes en ze laat Serkan merken dat ze vindt dat Unal het beter doet. Daarom weigert hij passief de rekenwerkjes en verstoort hij door driftbuien de gezelschapsspelletjes.'

Waarom is dat erg?
Serkan zal het steeds minder leuk gaan vinden om de Opstapwerkjes te doen. Dit is nadelig voor zijn verdere ontwikkeling: hij kan de extra ondersteuning thuis goed gebruiken. Ook is deze situatie niet goed voor de relatie tussen Serkan en zijn moeder en Serkan en zijn broertje.

Het doel

geduldig en stimulerend

Moeder doet de rekenwerkjes op een geduldige en stimulerende manier. Dit houdt in dat ze alleen over Serkans eigen prestaties praat, dat ze hem de tijd geeft om na te denken en dat ze hem prijst om wat hij goed doet.
Als Serkan over twee maanden actief samen met moeder meedoet met rekenwerkjes op zijn niveau, is het doel behaald.

Analyse van de haalbaarheid
Er zijn belemmerende factoren die ervoor zouden kunnen zorgen dat het doel niet wordt behaald.

- Serkan heeft op het gebied van rekenen mogelijk een ontwikkelingsachterstand.
- Unal lijkt, in ieder geval met rekenen, sneller van begrip dan Serkan.
- Unal doet met alle werkjes mee.
- Moeder is bezorgd om Serkan, waardoor ze sneller geïrriteerd raakt.
- Moeder kan haar geïrriteerde gedrag niet stoppen, ook al is ze zich ervan bewust.
- Moeder let vooral op de dingen die Serkan niet kan en heeft minder oog voor wat hij wel kan.
- Moeder heeft veel oog voor alles wat Unal goed doet en laat dit merken.

Daarnaast is er een aantal bevorderende factoren die zullen bijdragen aan het halen van het doel.
- Serkan kan zich concentreren op verhaaltjes.
- Serkan begrijpt verhaaltjes en kan ze navertellen.
- Moeder heeft zelf hulp ingeroepen omdat ze de situatie graag wil veranderen.
- Moeder heeft inzicht in haar eigen gedrag.
- Moeder heeft het niveau om inzicht te hebben in het leerproces van kinderen.
- Moeder accepteert steun van de buurtmoeder en de coördinator.
- Het Opstapproject is bereid en in staat om moeder te ondersteunen.

bevorderende en belemmerende factoren

Weging van de factoren
Aan de aanleg van Serkan en Unal is weinig te veranderen. Als ze samen de werkjes blijven doen, lijkt de kans van slagen minder groot. Het doel heeft dan ook alleen betrekking op Serkan en zijn moeder. Het lijkt erop dat het niveau van de rekenwerkjes op dit moment te hoog is voor Serkan. Dit is te beïnvloeden door hem werk op zijn eigen niveau te geven. Dat moeder bezorgd is, lijkt aanleiding voor haar irritatie. Dit is een factor die gedeeltelijk te beïnvloeden is door het niveau van het werk te verlagen en moeder informatie te geven over de ontwikkeling van kinderen. Bovendien kan Serkan sommige dingen wel goed, zoals het navertellen van verhaaltjes. Lastig is dat moeder weet wat ze bij de begeleiding van Serkan minder goed doet, maar het toch niet kan stoppen. Dat komt niet vanzelf goed. Het feit dat ze uit zichzelf hulp inroept en gemotiveerd is om

kans van slagen

aan haar houding te werken, geeft de doorslag. Op basis van de hiervoor genoemde overwegingen heeft het plan kans van slagen.

Tussendoelen
Hieruit volgen de volgende tussendoelen.
1 Serkan doet Opstap alleen met moeder. Termijn: een week. Buurtmoeder, coördinator en moeder bespreken dit plan. Met moeder wordt besproken dat het misschien beter is dat Unal niet meer meedoet. Moeder krijgt eigen werk voor Unal.
2 Moeder brengt de dingen die Serkan goed kan onder woorden. Termijn: twee weken.
Coördinator en juf zoeken werkjes en spelletjes uit die Serkan leuk vindt en waar geen rekenen aan te pas komt. De buurtmoeder bespreekt de voortgang met moeder. Moeder krijgt de tip zelf informatie te zoeken via de opvoedingscanon op internet.[2]
3 Moeder benoemt de dingen die moeilijk zijn voor Serkan en hoe ze hem kan helpen. Termijn: drie weken.
Hiervoor wordt er een gesprek tussen coördinator, moeder en de juf geregeld. De juf zal in dat gesprek moeder uitleggen met welke dingen Serkan speciaal moeite heeft en tips geven hoe moeder hem kan helpen. De mogelijkheid om Serkan te laten testen kan dan worden besproken. Buurtmoeder en moeder bespreken het materiaal van die week aan de hand hiervan.
4 Moeder geeft complimenten en geeft Serkan de tijd om na te denken bij werkjes met voorbereidend rekenen op het niveau van Serkan. Termijn: zes weken.
Hiervoor wordt voor moeder een korte videohometraining geregeld die aan Opstap is verbonden. Moeder wordt tijdens het werk met Serkan gefilmd. Later bekijkt ze de opnamen samen met de trainster. Juist de momenten waarop ze op een stimulerende manier met Serkan omgaat worden getoond. Dit om moeder te laten zien dat dit een positief effect heeft op Serkan en om haar op haar beurt te stimuleren dit gedrag

2 Op de website van de Opvoedingscanon (www.opvoedingscanon.nl) kunnen ouders wetenschappelijk onderbouwde informatie over opvoeding en ontwikkeling van kinderen vinden, verdeeld over 51 thema's. Bij de site hoort ook een boek voor ouders (Diekstra & van Hintum, 2010).

> vaker te laten zien. Bij de training horen gerichte huiswerk-
> opdrachten.
> De coördinator en de juf zoeken werkjes uit die geschikt zijn
> voor Serkan.
>
> *Evaluatie*
> Moeder houdt net als tijdens de observatieperiode een dagboek-
> je bij waarin ze opschrijft hoe zij en Serkan samen hebben ge-
> werkt en hoe Serkan heeft gereageerd.
> Na zes weken evalueren moeder, buurtmoeder en coördinator
> het plan.
> De coördinatie is in handen van de coördinator van het
> Opstapproject.

Een werkplan maken

Wanneer je alle voorgaande stappen hebt gezet, blijft er een laatste stap over, namelijk het maken van een concreet werkplan. In het werkplan stel je vast wie wanneer wat gaat doen. Concrete werkafspraken, zoals wie contact opneemt met de trainster, worden hierin opgenomen. Ook bepaal je welke middelen je nodig hebt (ruimte, geld, tijd, personeel en materiaal) en hoe je dat gaat organiseren.

wie doet wat wanneer?

In het werkplan leg je de basis voor de evaluatie van je plan. Je stelt vast hoe je gaat kijken of je plan wel of niet werkt. Je richt je daarbij op de resultaten, datgene wat je met de cliënt bereikt, maar ook op het proces: hoe jullie dat bereikt hebben. Ten slotte vermeld je in je werkplan wie het plan als geheel en de evaluatie ervan gaat coördineren. Dat betekent niet dat één persoon alles doet, maar het is wel belangrijk dat er iemand verantwoordelijk is voor de uitvoering, het verzamelen van gegevens en het organiseren van de (tussen)evaluatie.

Praktijkvoorbeeld: uitvoering en evaluatie

Tijdens de uitvoering observeer je wat het plan teweegbrengt. Het is belangrijk om te kijken of de acties, methoden en interventies effect hebben en of dat is wat jullie bedoelden. Als de evaluatiecriteria duidelijk waren, is het resultaat ook helder. Je kunt dan antwoord geven op de vraag of het plan is gelukt of niet.

Om een basis te hebben voor de evaluatie maak je een beschrijving en analyse van deze gegevens. Als je tussenevaluaties hebt gepland, is het mogelijk om tussentijds het plan bij te stellen. Zeker bij plannen die zich over langere tijd uitstrekken, kan dat zinvol zijn.

tussenevaluatie

Laten we aan de hand van een voorbeeld kijken hoe dit proces verloopt.

> **Stanley mag weer naar school**
> Aankomend SPH'er Marco werkt in een grote stad bij een project voor jongeren van 12 tot en met 17 jaar. Daarnaast volgt hij de deeltijdopleiding SPH. Het project is nauw verbonden aan het onderwijs. Het is bedoeld voor jongeren die door hun gedrag in de klas niet zijn te handhaven. De jongeren zijn meestal al verschillende keren geschorst en de school zit met de handen in het haar. Het zijn jongeren die volgens de school op het zmlk-onderwijs thuishoren en toch meedraaien in het reguliere onderwijs.
> Het project heeft als doel om jongeren ander gedrag te leren, door ze inzicht te geven in de consequenties van hun eigen gedrag. Dat betekent dat het project vooral geschikt is voor jongeren die die consequenties kunnen overzien. De deelnemer maakt uiteindelijk zelf de keus om gedrag te veranderen of niet. Marco is trainer in een groep van acht jongeren. Elke groep heeft twee trainers en een docent. De meeste trainers hebben een SPH-achtergrond en zijn daarnaast speciaal opgeleid tot gedragstrainer. Eens per halfjaar worden de trainers zelf geobserveerd. Het is de bedoeling dat jongeren positief worden benaderd. Ze hebben al vaak gehoord dat ze dingen niet kunnen of niet goed doen. Bij jongeren die alleen negatief gedrag vertonen, is positieve kanten blijven zien het allermoeilijkste om vol te houden. Positief kijken en trainen via feedback zijn dan de belangrijkste aandachtspunten.
> Er is een strak en gestructureerd programma met huiswerk, sport, groepstrainingen (bijv. socialevaardigheidstraining, agressietraining, spijbelpreventietraining) en individuele trainingen. Het programma is zo opgezet dat de trainers veel gedrag van de jongeren kunnen zien en dat jongeren gedrag kunnen oefenen. Marco heeft een aantal mentorjongeren. Het is zijn taak deze jongeren te observeren, een plan met ze te maken en dit plan met ze te evalueren. Ook onderhoudt hij contacten met ouders, leerplichtambtenaar en leerkrachten.

ander gedrag leren

Het ongewenste gedrag

Stanley is een van de mentorjongeren van Marco. Hij is een Antilliaanse jongen van 14 jaar en zit op het vmbo. Zijn ouders zijn gescheiden en hij woont bij zijn vader. Zowel de leerkracht als vader zijn negatief over het gedrag van Stanley. De leerkracht gaf bij aanmelding een groot aantal punten van gedrag dat ze anders wil zien. Stanley zou een grote mond geven, hij maakt ongepaste opmerkingen in de klas en trekt zijn klasgenoten mee in ongewenst gedrag. Instructies van de leerkrachten volgt hij niet op, hij heeft schoolspullen niet in orde en hij maakt geen huiswerk. Als Stanley dit jaar blijft zitten, is hij niet meer welkom op school.

grote mond

Observaties en acties

Het project heeft een programma van maximaal dertien weken. De eerste vier weken vormen de observatieperiode. In die tijd gaan de jongeren niet naar school, maar komen ze naar het project. Het is een soort proefperiode. Ze worden in deze periode al aangesproken op gedrag en ze moeten laten zien dat ze iets doen met de tips. Marco heeft Stanley in die periode geobserveerd. Hij heeft gezien dat Stanley actief meedoet tijdens de groepstrainingen. Hij vraagt om uitleg als hij iets niet begrijpt. De conclusie is dat het programma geschikt is voor Stanley. Marco heeft punten gezien die aansluiten bij het oordeel van school, bijvoorbeeld het feit dat Marco trainers door grapjes en opmerkingen belachelijk maakt, waardoor trainers zich ongemakkelijk gaan voelen. Stanley heeft zelf niet door dat hij dit doet en welk effect het heeft. Marco heeft als een van de belangrijkste leerdoelen voor Stanley voorgesteld dat hij leert wanneer hij wel en niet een grapje kan maken en dat hij grenzen van anderen leert herkennen. Daarvoor krijgt hij een zogenaamde discriminatietraining.

wanneer kan een grapje?

Daarnaast werd duidelijk dat Stanley het gevoel heeft dat hij de enige is die door de trainers wordt aangesproken op ongewenst gedrag. Hij gaat er van tevoren al van uit dat trainers hem negatief zullen benaderen en gaat al in de verdediging voordat hij heeft gehoord wat een trainer wil zeggen, zelfs al is dat een positief punt. In de groep is hij hier een paar keer door andere jongeren op aangesproken. Hij heeft zelf als leerdoel geformuleerd dat hij met kritiek wil leren omgaan en dat hij wil leren luisteren en mensen laten uitpraten. Hij krijgt daarvoor individuele gedragsoefeningen en een zogenaamde potlood-en-papier-training. Daarin gaat hij voor zichzelf uitzoeken wat de voor- en nadelen zijn van iemand laten uitpraten.

Uit de hele waslijst van school kiezen Marco en Stanley samen de punten waaraan ze gaan werken: het zijn punten die zij belangrijk vinden en die haalbaar zijn. De afspraken worden vastgelegd in een individueel trainingsplan.

Ontwikkeling

Na het afsluiten van de observatieperiode gaan jongeren in een traject van zes weken terug naar school, met elke week een dag erbij. De trainer komt ze in die periode in de klas observeren. Stanley gaat nu terug naar school. Marco vertelt dat hij bij observaties in de klas *een engeltje* is. Het is geen afspiegeling van hoe hij zich normaal gesproken in de klas gedraagt, maar het biedt Marco een handvat om hem te laten zien dat hij het wel kan.

Tijdens de groepsactiviteiten kunnen de jongeren in deze periode punten verdienen als ze gewenst gedrag laten zien en als ze laten zien dat ze aan hun leerdoelen werken. Marco observeert Stanley tijdens de activiteiten en ziet na drie weken dat Stanley uit zichzelf oogcontact met hem maakt op het moment dat hij 'te ver gaat'. Ook laat hij vooruitgang zien bij het laten uitpraten van anderen. Daar krijgt hij nu nog punten voor, maar na verloop van tijd krijgen jongeren die punten niet meer: als je het voor punten kunt, moet je het voor jezelf ook kunnen, dan moet je zelf de prettige consequentie van gewenst gedrag opzoeken. Na tien weken gaat Stanley weer helemaal terug naar school. De laatste drie weken zijn bedoeld voor eventuele nazorg.

Voor Stanley teruggaat naar school, *evalueren* Stanley en Marco samen. Ze kijken hoe Stanley aan zijn doelen heeft gewerkt, wat hij heeft geleerd en waarop hij speciaal moet blijven letten. Marco brengt de school hiervan op de hoogte. Dan volgt een periode van drie weken, waarin de leerkrachten kunnen aangeven welke punten nog speciale aandacht nodig hebben. Ook komt Marco op school observeren hoe het gaat. Als het nodig is, krijgt Stanley dan nog individuele gedragstraining met rollenspelen. De eindevaluatie volgt na die drie weken. Daarbij zijn naast Stanley en Marco ook de vader van Stanley en de leerplichtambtenaar aanwezig. Stanley werd aangemeld met een lange lijst met gedragingen die de school anders zou willen zien. Daarop wordt bij de eindevaluatie niet teruggegrepen.

> De doelen uit het individuele trainingsplan zijn de basis voor de eindevaluatie.
> Trainers zien dat het project op korte termijn werkt. Door ervaring hebben ze ontdekt dat het vooral werkt bij jongeren die cognitief in staat zijn om de consequenties van hun gedrag te overzien. Als er licht zwakbegaafde jongeren worden aangemeld, worden die nu geweigerd. De orthopedagoog die aan het project is verbonden, wordt daarbij betrokken. Ook doet zij onderzoek welke effecten er zijn op langere termijn. Dat jongeren aan het eind van de dertien weken die het project duurt hun doelen over het algemeen halen, wil nog niet zeggen dat ze het daarna op school beter blijven doen. Om te kijken naar de effecten op langere termijn neemt de orthopedagoog na zes maanden weer contact op met de school om te kijken hoe het gaat. Dan gaat het niet meer om de individuele doelen van de jongeren, maar om de vraag of de jongeren zich zo gedragen dat ze op school te handhaven zijn en hopelijk uiteindelijk een diploma zullen halen.

effecten op langere termijn

EVALUATIE

Om te kunnen evalueren is het van belang dat je bijhoudt welke resultaten er met en door de cliënt zijn behaald. Daarnaast is het belangrijk om je eigen handelen als hulpverlener tijdens de uitvoering te observeren en te evalueren. Een mooi voorbeeld daarvan is de regelmatige bijscholing van Marco en zijn collega's. Zo bouw je als team en als instelling praktijktheoretische kennis op. Dat kan op verschillende manieren. Marco en zijn collega's hielden bij, bij welke jongeren het wel en bij welke jongeren het niet lukte om in dit project gedragsverandering te bewerkstelligen. Zo kwamen zij tot een inperking van de doelgroep. Dat is niet alleen van belang voor het project, maar ook voor de jongeren zelf. Zoals gezegd gaat het om jongeren die altijd te horen krijgen dat ze dingen niet goed doen. Een mislukking in het project zal niet bijdragen aan hun gevoel van eigenwaarde. Het inperken van de doelgroep is een keuze. Het zou mogelijk zijn om te onderzoeken of het project toegankelijk is te maken voor jongeren met een lichte verstandelijke beperking. Dat betekent een aanpassing van de methode. Veel instellingen hebben gedragsdeskundigen in dienst die hierbij ondersteuning kunnen bieden.

praktijktheoretische kennis

Methodiek en methoden

Misschien heb je in het voorbeeld van Marco en Stanley een agogische basismethodiek herkend, namelijk de gedragsmatig cognitieve benadering.[3] Deze basismethodiek gaat uit van de idee dat al het gedrag is aangeleerd en dus ook weer kan worden afgeleerd. Mensen zijn in staat om nieuw gedrag aan te leren, vooral als dat nieuwe gedrag positieve consequenties voor ze heeft. Deze basismethodiek geeft richting aan de manier waarop Marco en zijn collega's werken en aan de methoden die zij kiezen.

GEDEELDE EN ONGEDEELDE KENNIS

Het plan hoort ingebed te zijn in de methodiek en de methoden van de instelling. Helemaal mooi is het als een plan bijdraagt aan het ontwikkelen ervan. Wat is nu precies een methode? Als je iets één keer probeert en het werkt, is het fijn, maar dan heb je nog geen methode. Over ervaren hulpverleners wordt wel eens gezegd: 'Die heeft zo zijn eigen methoden.' Maar er is dan geen sprake van een methode. Iemand heeft dan zijn eigen aanpak, zijn eigen manier van werken, en die kan heel goed zijn, maar andere hulpverleners hoeven daar niet meteen iets aan te hebben. Uit een afstudeeronderzoek van een student SPH-duaal bleek dat het delen van kennis en ervaring in de hulpverlening geen gemeengoed is (Ravensberg, 2004). Zij onderzocht de manier waarop tussen teams van groepswoningen in een instelling voor mensen met een verstandelijke beperking werd gebruikgemaakt van elkaars kennis en ervaring. Men bleek dat weinig te doen. Een van de redenen daarvoor was het feit dat de organisatorische voorwaarden (tijd voor overleg, intervisie, stage op een andere woning) er niet of nauwelijks waren. Een andere reden was dat hulpverleners zich bij problemen richtten tot de orthopedagoog. Ervaring met de adviezen van deze deskundige werd niet gedeeld met de werkers van andere groepswoningen. Ten slotte speelde de bedrijfscultuur, waarin het niet makkelijk was aan te geven dat je niet wist hoe je iets moest aanpakken, een rol. Op deze manier kunnen handelwijzen, aanpakken en ervaringen nooit uitgroeien tot een methode waarmee alle medewerkers hun voordeel kunnen doen.

een 'eigen methode' is geen methode

---

3 In het boek *Hulpverlenen* (2002) behandelt SPH-docent Jaska de Bree de plancyclus voor de verschillende agogische basismethodieken: de gedragsmatig cognitieve, de systeemtheoretische en de muzisch agogische. Het normatief-ethische element beschouwt zij als een aparte methodiek.

EEN DEFINITIE

Een methode is 'een omschreven en doelgerichte werkwijze om met een cliënt of een cliëntengroep in een bepaalde situatie een bepaald vraagstuk op te lossen', aldus Bassant in het boek *Methoden voor sociaal-pedagogische hulpverleners* (2000).[4] Een methode mag pas zo heten als de werkwijze systematisch kan worden gebruikt, en dus herhaalbaar is. Dat kan alleen als er een vaste structuur is met voorgeschreven stappen, zodat de werkwijze bruikbaar is voor alle werkers. Bassant wijst erop dat een methode niet als een rigide keurslijf op een cliënt mag worden toegepast. De cliënt is medespeler in zijn eigen hulpverleningsproces. Er moet dus ruimte zijn om methoden op individuele problemen en vragen af te stemmen. Het kiezen van de methode gebeurt niet in het luchtledige, maar altijd in de context van de instelling en in de maatschappelijke context:

> *'Methodiek is een door hulpverleners gezamenlijk te dragen flexibel geheel van sturende praktijktheoretische inzichten en ethische en normatieve stellingnames over een omschreven gebied in de hulpverlening.' (Bassant, 2000: 16)*

In de vakliteratuur wordt geregeld geschreven over het verschil tussen methoden en methodieken. Deze discussie is niet voor iedereen even interessant. Toch is het belangrijk om te weten dat er een verschil is. Een methodiek is meeromvattend ('groter' en 'hoger') dan een methode en een methodiek geeft daarom richting aan de te kiezen methoden. Het is het kader waarbinnen je de keuze voor een bepaalde methode kunt maken. Het project waaraan Stanley uit het praktijkvoorbeeld deelneemt, is gebaseerd op de cognitief gedragsmatige basismethodiek. De methoden die worden gekozen, richten zich expliciet op denken (cognitie), zoals de potlood-en-papier-training waarbij de jongeren voor- en nadelen van bepaald gedrag inventariseren, en op het trainen van nieuw gedrag.

methodiek geeft richting aan te kiezen methoden

WETENSCHAPPELIJK ONDERZOEK

Methoden ontstaan vaak uit praktijkervaring in wisselwerking met praktijkonderzoek, uitgevoerd door wetenschappers zoals pedagogen, psychologen en orthopedagogen. In hoofdstuk 3 stelde ik

---

4 Naast een zeer lezenswaardige inleiding bevat dit boek een keur van methoden voor SPH'ers. De methoden zijn ingedeeld in een aantal clusters, namelijk: controle en beheersing, genezing en probleemoplossing, behoud en stabilisatie, herstel, en ontwikkeling en groei.

wetenschappelijk bewezen

al dat de overheid steeds vaker aan de hulpverlening vraagt om te werken met methoden waarvan de effectiviteit, de werkzaamheid, wetenschappelijk bewezen is. De orthopedagoog die is verbonden aan het project waar Marco werkt, doet onderzoek naar de effecten op de lange termijn, door de jongeren gedurende lange tijd te volgen. Hoe waardevol een dergelijk praktijkonderzoek ook is, het heeft toch zijn beperkingen. Als dat onderzoek oplevert dat de meeste jongeren het na een jaar nog steeds goed doen op school, betekent dat nog niet dat het succes aan het project is toe te schrijven. Er zouden andere verklaringen kunnen zijn, bijvoorbeeld bijscholing en deskundigheidsbevordering van het onderwijzend personeel. Of de jongeren zijn ouder en wijzer geworden en dan komt het dus vanzelf wel goed. Om zeker te weten of het effect aan dit project is toe te schrijven, is wetenschappelijk onderzoek nodig. Dat houdt in dat niet alleen de jongeren die het project volgen worden onderzocht, maar dat er een vergelijkbare groep jongeren met vergelijkbare problemen wordt gevolgd die niet aan het project deelneemt, de zogenaamde controlegroep. Beide groepen moeten niet alleen achteraf worden onderzocht, maar hun functioneren moet ook van tevoren worden vastgesteld met betrouwbare onderzoeksinstrumenten. Pas als aan die voorwaarden is voldaan, kun je zeggen dat, wanneer bij de groep die deelnam aan het project een verbetering is waar te nemen en bij de andere groep niet, de verbetering door het project komt en niet door andere factoren.[5] We hebben het dan over causaliteit.

'evidence based' onderzoek

Dit soort onderzoek heet 'evidence based' onderzoek of effectonderzoek. In de jeugdhulpverlening wordt hiervan steeds meer gebruikgemaakt. Sinds een aantal jaren bestaat er een landelijke commissie die interventies in de jeugdhulpverlening beoordeelt op effectiviteit. Evidence based onderzoek is een belangrijk onderdeel van de beoordeling, maar zeker niet het enige. Men kijkt naar de theoretische onderbouwing van de interventie (of methode). Een methode die wordt onderbouwd met algemeen aanvaarde theoretische inzichten, waarvan is bewezen dat ze werken, maakt kans op een gunstig oordeel. Er wordt ook gekeken naar de manier waarop de methode is uitgevoerd, of het is toegeschreven op een specifieke doelgroep, of het planmatig en volgens de voorschriften wordt uitgevoerd en of er onderzoek is gedaan of de doelen worden bereikt. Dit heeft in de zorg voor kinderen en jeugdigen het effect gehad dat de theoretische ba-

---

5 Zie voor een uitgebreide uitleg van en discussie over evidence based werken Faas (2008-1 en 2008-2).

sis van het werken wordt versterkt. In andere sectoren van de hulpverlening is dat nog minder het geval.⁶

Een andere vorm van onderzoek die in de hele sector van hulp- en dienstverlening steeds meer wordt toegepast, is 'practice based evidence'. Hierbij gaat het niet om wetenschappelijk effectonderzoek, maar om het nauwkeurig onderzoeken en beschrijven van succesvolle methoden in de praktijk, waarbij wordt gekeken wat precies de werkzame bestanddelen, de succesfactoren, van een manier van werken zijn. Als SPH'er word je steeds meer geacht een 'kritische consument' van (wetenschappelijk) onderzoek te zijn. Als hbo'er ga je zelf actief op zoek naar resultaten van onderzoek, door het bijhouden van vakliteratuur en tijdschriften en het bezoeken van congressen. Als je dit doet, ben je bezig met een belangrijke taak van een SPH'er, namelijk bijdragen aan de professionalisering van het beroep.

practice based evidence

---

6   Meer informatie over effectieve interventies in de jeugdzorg en de manier van beoordelen zijn te vinden op de website van het Nederlands Jeugdinstituut (www.nji.nl).

De Plancyclus

- oriënteren
- diagnosticeren
- plannen
- uitvoeren
- evalueren

9 Verantwoorden, legitimeren en reflecteren

Nu we aan het einde van de plancyclus zijn aangekomen, wil ik in dit laatste hoofdstuk aandacht schenken aan het grotere geheel van de zorg in de maatschappelijke context. Daarmee sluit ik de cirkel waarmee ik dit boek begon.

Ik stelde eerder dat elke tijd waarden en normen heeft over wat goede zorg is of zou moeten zijn en hoe de hulpverlening moet worden ingericht. Ook stelde ik dat economische omstandigheden de kaders geven voor die zorg. Ik ga eerst in op de gevolgen van de economische teruggang voor de zorg als geheel. Ik besteed daarbij aandacht aan de mogelijkheden van werkers om van elkaar te leren. Tot slot ga ik aan de hand van een voorbeeld van een kwalitatief onderzoek in de zorg in op de vraag hoe het ideaal van burgerschap in de praktijk wordt 'gedaan'. Daarbij komen verschillende manieren van verantwoorden van 'goede zorg' aan bod.

Economische teruggang

Er worden door de overheid hoge eisen gesteld aan de hulpverlening, terwijl er steeds minder middelen zijn om goede zorg en goede hulpverlening te bieden. Instellingen in hulp- en dienstverlening zullen de komende jaren fors moeten bezuinigen. De zorg voor de kwaliteit van het werk dreigt verloren te gaan, doordat kwaliteitsondersteuning en deskundigheidsbevordering onder zware druk staan. Tijd voor intervisie en collegiaal overleg is er nauwelijks. Als het mogelijk is, wordt er minder hooggeschoold personeel in dienst genomen, omdat dat eenvoudigweg goedkoper is.

hoge eisen, weinig middelen

Instellingen moeten geld verdienen en kunnen zich open cliëntplaatsen niet veroorloven. Bovendien is er sprake van zorgplicht: mensen die hulp nodig hebben, moeten die ook daadwerkelijk krijgen. Dat betekent dat er geregeld mensen terechtkomen in voorzieningen waar ze gezien hun hulpvraag niet op hun plaats zijn. Dat is voor hen niet goed en het maakt het dagelijkse werk zwaar. Dit kan ervoor zorgen dat beheersbaarheid centraler komt te staan dan de werkers lief is. Er ontstaat een sfeer waarin dingen 'niet kunnen'. Het credo in de hulpverlening is dat datgene wat de cliënt wil 'moet kunnen'. Het levert een pijnlijke tegenstelling op voor werkers die deze tegenstelling in toenemende mate alleen moeten zien op te lossen.

Een schrijnend voorbeeld hiervan is de 8-jarige Mina, een meisje met ernstige gedragsproblemen, die een lange reis door hulpverleningsland achter de rug heeft. Ze heeft korte tijd in een jeugdgevangenis gezeten zonder dat ze iets strafbaars had gedaan, maar omdat er nergens anders plaats voor haar was. Zij is een van de hoofdpersonen uit de documentaire 'De besloten groep'.[1] Stadssocioloog Spiering (2007) vroeg zich in een lezing af hoe het mogelijk is dat kinderen met ernstige gedragsproblemen steeds worden weggestuurd uit reguliere instellingen voor jeugdzorg en jeugdpsychiatrie. Hij noemt dat: de kunst van het 'van-je-af-organiseren'. Hij zegt dat we kinderen vooral 'wegsturen' wanneer we er als professionals geen gat meer in zien om met dit kind te werken en gefrustreerd worden omdat het niet lukt. Dan zeggen we: 'Dit kind hoort niet bij ons.' Dan wordt het kind het probleem, en niet onze eigen machteloosheid. Spiering pleit ervoor om in plaats daarvan te leren zeggen: 'Ik heb als professional een probleem in het omgaan met dit gedrag.'

'van je af organiseren'

ONGEDEELDE KENNIS

Werkers leren van elkaar en ontwikkelen het werk met elkaar. Toch zien werkers elkaar tegenwoordig minder in hun werk dan vroeger. Dit komt deels door de schaalvergroting in de zorg. Instellingen fuseren en worden zo groot dat het voor werkers moeilijk is zich bij het grote geheel betrokken te voelen. Deze grote instellingen formuleren voor de instelling als geheel een visie en een beleid. Dergelijke visies zijn ruim geformuleerd, omdat iedereen zich erin moet kunnen vinden. Voor de concrete vertaling van de visie voor een wooneenheid, behandelafdeling of specifieke doelgroep is tijd en overleg nodig en die ontbreken vaak. Zo kan een visie een abstractie worden, waaraan iedereen naar eigen goeddunken een invulling geeft.

een abstracte visie

In de zorg voor chronisch zieken en mensen met een beperking wonen cliënten in steeds kleinere wooneenheden, waar minder perso-

---

[1] De documentaire (2007) is gemaakt door Z films Rotterdam en uitgezonden door de NCRV.

neel aanwezig is. De woningen staan verspreid in de wijk, waardoor contact tussen woningen minder snel plaatsvindt. Ook proberen instellingen de kosten van personeel te beheersen door efficiënt te roosteren. Werkers in de residentiële hulpverlening 'staan alleen op de groep'. Model-leren in een soort meester-gezelrelatie wordt daardoor minder gemakkelijk. Ik ben ervan overtuigd dat daarmee veel professionaliteit verloren gaat.

Cliënten, volwassenen zowel als kinderen, worden tegenwoordig minder snel opgenomen in een residentiële instelling. Hulp wordt zoveel mogelijk in de eigen omgeving geboden, wat voor een grote toename van ambulante hulpverlening zorgt. Juist omdat ambulante hulpverleners veel alleen werken, is het belangrijk dat zij hun werkwijze en bevindingen toetsen aan de mening van collega's. Door de zware werkdruk is daar weinig tijd voor.

Dit alles leidt tot een cultuur waarin de voorwaarden voor openheid en collegialiteit niet optimaal aanwezig zijn. Dat maakt het delen van ervaringen, goede en slechte, moeilijker.

NOGMAALS: DE CONTROLERENDE OVERHEID

Instellingen worden tegenwoordig afgerekend op hun 'output', hun 'productie'. De taal van de markt wordt tegenwoordig ook in de zorg gesproken. Het levert minder ruimte op voor experimenteren, uitproberen en cliënten de ruimte laten om hun eigen weg te zoeken en ze daarbij ondersteunen.

de taal van de markt

In 2004 verscheen er een rapport van de Wetenschappelijke Raad voor het Regeringsbeleid (WRR), waarin wordt gesteld dat de zorgsector gevangen zit tussen de controle van de overheid en de tucht van de markt. In een artikel in *de Volkskrant* zei hoogleraar Humanistiek Harry Kunneman (2004) dat de controle van de overheid 'getuigt van een diep wantrouwen ten aanzien van het maatschappelijke verantwoordelijkheidsbesef van individuen en organisaties'. Een directeur van een grote instelling verwoordde het als volgt: 'Het lijkt wel of de overheid denkt dat we of ons werk niet goed doen of dat we de boel belazeren.' Ook dit werkt openheid niet in de hand. Werkers zullen de neiging hebben alleen de successen te presenteren en het falen niet naar buiten te laten komen (Dijstelbloem, 2004). En om de vergelijking met de markt door te trekken: wie legt er nu graag rot fruit voor in het stalletje?

Wat is goede zorg?

Het ideaal van de cliënt als autonome burger zorgt ervoor dat individualiteit vooropstaat. Dat kan ten koste gaan van andere idealen, zoals de sociabiliteit van cliënten. Daar is weinig discussie over. Het zou goed zijn als we ons ervan bewust zouden zijn dat de keus voor het ene ideaal het opgeven van het andere ideaal kan betekenen.

Met het centraal stellen van het burgerschap van cliënten hebben we impliciet een bepaald mensbeeld voor ogen. We stellen eisen aan het individu in de moderne maatschappij. De burger is niet alleen mondig, maar ook zelfstandig, assertief, en weet wat hij wil. De maatschappij wordt steeds complexer, wat hogere eisen aan mensen stelt om zich staande te houden. Niet iedereen doet dat even gemakkelijk. De hulpverlener heeft dus de taak om de cliënt tot zelfstandigheid, burgerschap en autonomie te brengen, of hij daar nu om vraagt of niet. Het gaat echter wel om mensen die dat door hun beperking of problematiek niet goed kunnen en hulp nodig hebben: dit is een van de grootste tegenstellingen in de zorg op dit moment.[2]

zelfstandig burger tegen wil en dank?

De verantwoording van goede zorg

Achter de centrale waarde 'burgerschap' kunnen veel verschillende invullingen, idealen en praktijken schuilgaan. Daarbij horen verschillende manieren van verantwoorden en legitimeren.

Sociaalwetenschappelijk onderzoekster Pols (2004) deed onderzoek in een verzorgingshuis voor oudere mensen met psychische stoornissen en in een psychiatrisch ziekenhuis op de afdeling voor mensen met chronische psychische stoornissen. In haar boek laat ze zien hoe de idealen van goede zorg in de praktijk worden 'gedaan'. Ze praatte met personeel en cliënten en ze observeerde wat mensen deden in alledaagse situaties, zoals het wassen van cliënten. Daarin komen verschillende idealen tot uiting. Pols deed haar onderzoek onder verzorgenden en psychiatrisch verpleegkundigen. De uitkomsten van haar onderzoek zijn ook voor SPH'ers waardevol.

---

2 Zie voor een uitgebreide discussie van deze problematiek Tonkens (2003).

'ZO, WE ZIJN WEER LEKKER SCHOON!'

In verpleeghuizen bij de dementerende ouderen is het wassen van cliënten een geordende en voorspelbare routine. Juist het uitvoeren van de routine wordt gezien als het leveren van goede zorg. De waardigheid van mensen hangt af van de vraag of ze schoon en verzorgd zijn; mensen kunnen het zelf niet en moeten dus worden geholpen. Tijdens het wasritueel doet de verzorgende alles, de patiënt of de cliënt doet niets. Onder de zorgassistenten en verzorgenden die dit wasritueel uitvoeren, bestaat wantrouwen tegenover psychiatrisch verpleegkundigen die de tijd nemen om met mensen te praten. Praten, zo vinden zij, leidt maar af van het echte werk en dat is zorgen dat mensen schoon zijn. Over verantwoording wordt niet nagedacht en gepraat.

routine als goede zorg

Op deze vorm van wassen komt kritiek van diezelfde psychiatrisch verpleegkundigen. Het levert gehospitaliseerde cliënten op, vinden zij. Zij zijn niet zozeer gericht op verzorging, maar op begeleiding.

Toch doen zorgverleners het niet allemaal op dezelfde manier en niet met dezelfde bedoeling. Er zijn verschillen tussen afdelingen, maar er kunnen ook al verschillen op één afdeling zijn. In hun praktijk van wassen geven zorgverleners op verschillende manieren vorm aan het ideaal van burgerschap, individualisering en autonomie.

'DAT KUNT U TOCH BEST ZELF!'

Een van de manieren waarop zij vorm geven aan het ideaal van burgerschap is het wassen beschouwen als een basale vaardigheid. Als mensen hun vaardigheden niet gebruiken, zullen ze verder achteruitgaan. Het uiteindelijke doel is onafhankelijk zijn. Vaardigheden om te wassen moeten dus worden geleerd of opnieuw geleerd. Dat houdt in dat cliënten worden getraind om het wassen zo zelfstandig mogelijk onder de knie te krijgen. Bij deze manier wordt uitgegaan van een individueel zorgplan, waarin staat verwoord wat iemand wel of niet kan en wat iemand kan leren. Professionals en cliënten werken samen aan het bereiken van dat doel. Er is een methodische en professionele manier om te wassen. In het team overlegt men met elkaar wat de beste manier is bij deze cliënt en iedereen doet het op dezelfde manier. Evaluaties kunnen en moeten worden gemaakt. Verantwoording gebeurt in termen van effecten: als je weet wat je wilt bereiken, kun je zien of je het hebt bereikt. Het levert praktijkkennis op, waarmee procedures en interventies kunnen worden ontworpen.

methodisch en professioneel wassen

Op deze vorm van effectiviteit is kritiek mogelijk. Dat cliënten schoon moeten zijn, wordt niet beargumenteerd, daar wordt simpelweg van uitgegaan. Het doel is fysieke onafhankelijkheid, of patiënten dat nu willen of niet. Eigenlijk *moeten* ze het willen. Dat is weer een nieuwe vorm van hospitalisatie, want jij bepaalt wat ze moeten leren.

moderne hospitalisatie

'DAN WAS JE JE TOCH NIET?'

De kritische medewerkers gaan uit van de autonomie en privacy van de cliënt. Iedereen heeft recht op privacy, iedereen heeft zijn eigen voor- en afkeuren, dus ook cliënten met psychische stoornissen. In deze benadering laten werkers het wassen helemaal aan de cliënt zelf over: of hij zich wel of niet wast, hoe vaak en hoe is iemands individuele beslissing. Professionals leveren goede zorg als ze mensen ondersteunen om hun eigen keuzes te maken en hun eigen beslissingen te nemen. Ook bij deze vorm zijn er zorgplannen, maar die zijn door de patiënten zelf geformuleerd.

Verantwoording heeft hier de vorm van legitimeren: worden de ethische principes van individualiteit en autonomie consequent toegepast? Sommige patiënten wassen zich helemaal niet, wat voor het personeel moeilijk is vol te houden. Uiteindelijk grijpt iemand altijd wel in door een uitzonderlijk vieze patiënt met een hoofd vol luizen onder de douche te stoppen. Dat kunnen zorgverleners echter niet verantwoorden. Bij 'ethisch wassen' kun je vuil beter verantwoorden dan een gedwongen wasbeurt.

'ethisch wassen'

'WAT WIL JE VANDAAG DOEN?'

Een derde visie is dat wassen vooral met de relatie tussen cliënt en professional te maken heeft. Burgerschap krijgt vorm in de relatie tot anderen. De verpleging is belangrijk in het netwerk van de patiënt en door relaties met anderen integreer je in de samenleving. Een goede relatie tussen zorgverlener en cliënt is dus van belang voor de integratie van mensen in de maatschappij. Er wordt onderhandeld over wat op dat moment voor beiden acceptabel is en wat niet. Zorg is goede zorg als die zich kan aanpassen aan de omstandigheden. Een team van werkers die allemaal hetzelfde doen en dezelfde procedure volgen, levert in deze visie slecht werk. Deze vorm van verzorgen en begeleiden voert immers vraagsturing en dialoog het verste door. Maar ook hierop is kritiek mogelijk. Wie bepaalt wat een 'goede relatie' tussen een werker en een cliënt is? Er zijn geen standaarden en procedures waaraan je je handelen kunt afmeten. Dat maakt verantwoorden en legitimeren moeilijk, zo niet onmogelijk. Het gevaar van machtsmisbruik is aanwezig, juist omdat je je zo weinig controleerbaar kunt opstellen.

mogelijk machtsmisbruik

Er is een verschil tussen verantwoorden en legitimeren. Als je verantwoording aflegt, geef je anderen inzicht in datgene wat je hebt gedaan, hoe je het hebt gedaan en welke resultaten je hebt bereikt. Legitimeren gaat verder. Dan ga je beargumenteren waarom iets goed is of niet. De standaard waaraan je je acties afmeet, is een ethische: wat is goed en waarom is het goed?

Vooruitblik

Aan het einde van een boek over de plancyclus zal het geen verbazing wekken dat ik een voorstander ben van transparantie en verantwoording. Ik wil hier ook pleiten voor het vergroten van mogelijkheden tot deskundigheidsbevordering door collegiale consultatie: met elkaar meelopen en profiteren van elkaars ervaring en deskundigheid. Ook internet biedt hiertoe mogelijkheden, nationaal zowel als internationaal.

Ik hoop ook duidelijk te hebben gemaakt dat ik graag meer aandacht zou zien voor de ethische waarden en idealen van werkers. Aan de hand van het bespreken van de eigen werkpraktijk, waarin wordt gereflecteerd op het eigen handelen en de eigen motivaties en belangen, kan duidelijk worden welke idealen men nastreeft, hoe die in de praktijk gestalte krijgen en welke consequenties dat heeft voor cliënten. Niet alleen de successen zijn belangrijk, ook de mislukkingen en de tragedies moeten worden onderzocht en geanalyseerd.

reflectie op handelen, motieven, belangen en idealen

In het WRR-rapport wordt ervoor gepleit dat professionals en instellingen wederzijds van elkaar gaan leren. Koplopers kunnen laten zien hoe ze het doen en waar ze het van doen. Instellingen waar het niet goed loopt, moeten niet worden gestraft, maar geholpen. Als er ruimte is voor non-conformisme, komen er nieuwe en onorthodoxe oplossingen. Er zijn mensen nodig die op het juiste moment oude modellen over hun schouder gooien en iets nieuws proberen.

Literatuurlijst

Bakens, P. (2006). Over alarmbellen, pyjamadagen en het inzetten van het leger. Verpleeghuizen in de media. *Denkbeeld*, nr. 6.

Bassant, J. (2000). Methodiekontwikkeling in de sociaal-pedagogische hulpverlening. In: J. Bassant, & S. de Roos (red.). *Methoden voor sociaal-pedagogische hulpverleners*. Bussum: Uitgeverij Coutinho.

Bijlsma, J., & Janssen, H. (2008). *Sociaal werk in Nederland. Vijfhonderd jaar verheffen en verbinden*. Bussum: Uitgeverij Coutinho.

Bosch, J.D., e.a. (1992). *Leren observeren. Een introductie in het gebruik van systematische gedragsobservaties*. Bussum: Uitgeverij Coutinho.

Bree, J. de (2002). *Hulpverlenen*. Amsterdam: Uitgeverij SWP.

Diekstra, R., & Hintum, J. van (2010). *De opvoedcanon, omdat er over kinderen zoveel meer te weten valt*. Amsterdam: Bert Bakker.

Dijstelbloem, H., e.a. (2004). Controlezucht overheid verlamt dienstverlening. NRC Handelsblad 1 december.

Ewijk, H., & Lammersen, G. (2006). Werkers in de zorg voor gehandicapten. *Sociale Interventies*, nr. 2.

Faas, M. (2008-1). Meten is weten? Effectiviteit, evidence based en de jeugdzorg. *Sozio, vakblad voor sociale en pedagogische beroepen*, nr. 83.

Faas, M. (2008-2). De jeugdzorger als robot? Effectiviteit, evidence based en de jeugdzorg. *Sozio, vakblad voor sociale en pedagogische beroepen*, nr. 84.

Fontaine, B. (2006). Een beeld in zwart-wit. Reacties in de pers op het boek 'In de wachtkamer van de dood'. *Denkbeeld*, nr. 6.

Frijhoff, W., & Prak, M. (red.) (2004). *Geschiedenis van Amsterdam. Centrum van de wereld 1578–1650*. Amsterdam: SUN.

Gemert, G.H. van, & Vlaskamp, C. (1997). Individuele planning van zorg. In: G.H. Gemert, & R.B. Minderaa (red.). *Zorg voor mensen met een verstandelijke handicap*. Assen: Van Gorcum.

Gezondheidsraad (2002). *Anticonceptie voor mensen met een verstandelijke handicap*. Den Haag: Gezondheidsraad.

Goffman, E. (1993). *Gestichten*. Rotterdam: Bijleveld.

Goossens, F. (2008). *Gedrag onder de loep. Methodisch observeren in theorie en praktijk*. Bussum: Uitgeverij Coutinho.

Heemelaar, M. (2008). *Seksualiteit, intimiteit en hulpverlening*. Houten: Bohn Stafleu van Loghum.

Jong, J.D. de (2007). *Kapot moeilijk. Een etnografisch onderzoek naar opvallend delinquent gedrag van 'Marokkaanse' jongens in Amsterdam*. Amsterdam: Uitgeverij Aksant.

Kapteyn, B. (1996). *Probleemoplossen in organisaties*. Houten: Bohn Stafleu van Loghum.

Kars, H. (red.) (1995). *Ernstig probleemgedrag bij zwakzinnige mensen. Een systematische benadering van ernstig probleemgedrag in de zwakzinnigenzorg.* Houten: Bohn Stafleu van Loghum.

Kerr, D. (2010). *Omgaan met en begeleiding van personen met een verstandelijke beperking en dementie.* Lezing Studiedag Down en Dementie. Antwerpen: 20 maart.

Kromhout, M. (2002). *Marokkaanse jongeren in de residentiële hulpverlening. Een exploratief onderzoek naar probleemvisies, interculturalisatie en hulpverleningsverloop.* Amsterdam: Uitgeverij SWP.

Kunneman, H. (2004). Levensvervulling met dikke-ik valt tegen. *de Volkskrant* 10 december.

Landelijk Opleidingsoverleg SPH (2009). *De creatieve professional. Met afstand het meest nabij. Opleidingsprofiel en opleidingskwalificaties sociaal pedagogische hulpverlening.* Amsterdam: Uitgeverij SWP.

Lee, C. van der, & Triepels, J. (2000). *Van hulpvraag naar zorgplan. Een vraaggestuurde methode voor begeleiders.* Baarn: Uitgeverij Nelissen.

Oudshoorn, D., e.a. (1995). *Kinder- en adolescentenpsychiatrie. Een praktisch leerboek.* Houten: Bohn Stafleu van Loghum.

Pels, T. (1991). *Marokkaanse kleuters en hun culturele kapitaal.* Amsterdam/Lisse: Swets & Zeitlinger.

Pols, J. (2004). *Good care. Enacting a complex ideal in long-term psychiatry.* Utrecht: Trimbos-instituut.

Ravensberg, N. (2004). *Kennisdelen in teams.* Afstudeerproject Haagse Hogeschool.

Rigter, J. (2002). *Ontwikkelingspsychopathologie bij kinderen en jeugdigen.* Bussum: Uitgeverij Coutinho.

Rigter, J. (2008). *Psychologie voor de praktijk.* Bussum: Uitgeverij Coutinho.

Rispens, J., Carlier, E., & Schoorl, P. (red.) (1990). *Diagnostiek in de hulpverlening. Methodische aspecten.* Amsterdam/Lisse: Swets & Zeitlinger.

Robbroeckx, L., & Bastiaensen, P. (2001). *Feit en f(r)ictie in de pleegzorg.* Houten: Bohn Stafleu van Loghum.

Rood, L. (1994). *Het boek Job.* Amsterdam: Uitgeverij Ooievaar.

Roos, S. de (2008). *Diagnostiek en planning in de hulpverlening: een dynamische cyclus.* Bussum: Uitgeverij Coutinho.

Spiering, F. (2007). *Dit kind hoort niet bij ons. Over de kunst van het van-je-af-organiseren.* Lezing Haagse Hogeschool. Den Haag: niet gepubliceerd.

Tieleman, M. (2007). *Levensfasen. De psychologische ontwikkeling van de mens.* Amsterdam: Boom Onderwijs.

Tonkens, E. (2003). *Mondige burgers, getemde professionals. Marktwerking, vraagsturing en professionaliteit in de publieke sector.* Utrecht: NIZW Uitgeverij.

Tonkens, E., & Weijers, I. (1997). De geschiedenis van de zorg voor mensen met een verstandelijke handicap. In: G.H. Gemert, & R.B. Minderaa (red.). *Zorg voor mensen met een verstandelijke handicap.* Assen: Van Gorcum.

Vries, J.N. de, e.a. (2005). *Samenspel van factoren. Inventariserend onderzoek naar de ouderschapscompetenties van mensen met een verstandelijke handicap.* Den Haag: Ministerie van Volksgezondheid, Welzijn en Sport.

Wanders, W. (2009). 'Wie zijn kamer verliest, verliest alles'. Oudere drugsverslaafden mogen in unieke Haagse woonvoorziening cocaïne en heroïne gebruiken. *de Volkskrant* 30 maart.

Wetenschappelijke Raad voor het Regeringsbeleid (2004). *Bewijzen van goede zorg.* Den Haag: WRR.

Wolfshöfer, C., & Bröer, C. (2009). Opvang en resocialisatie. Hoe daklozen leven in de maatschappelijke opvang. *Sociologie*, nr. 4.

Register

aanbodgericht werken 54
activiteitencentrum 76
agogische basismethodiek 138
ambulant 16
analyse 82
autisme 38
AVG-arts 92

bedelarij 33
bedrijfscultuur 138
begeleidingsplan 60
behandelplan 60
behaviour sampling 113
belemmerende factoren 127
beschermende factoren 92
beschrijvende observatie 110
bevorderende factoren 126
biopsychosociaal model 53, 70
borderline persoonlijkheidsstoornis 99
burgerschap 23, 49

casemanager 58
Centrum voor Jeugd en Gezin 60
Coornhert, Dirk Volckertsz. 33
coping-stijl 86
Couperus, Louis 35
cultuurverschillen 28

deductief onderzoek 88
deelvraag 98
de-institutionalisering 32
dementie 68
denkmodel 18, 19, 22
Dennendal 45
deskundigheidsbevordering 143
diagnose 17
 –, medische 84
 –, psychiatrische 84

diagnostiek 18, 20
 –, classificerende 20
diagnostisch observatieverslag 99
diagnostisch onderzoek 64, 88, 91
diagnostisch proces 21
diagnostische fase 23
dialooggestuurd werken 57
differentiatie in de zorg 37
diversiteit 32
doelgedrag 112
drugsverslaafden 35
DSM IV 20

Eeden, Frederik van 35
effectonderzoek 140
evaluatie 133
evaluatiefase 24
evidence based onderzoek 140

fase(n) 22
 –, diagnostische 23
 –, evaluatie- 24
 –, levens- 78, 85
 –, onderzoeks- 73
 –, ontwikkelings- 85
 –, oriënterende 23
 –, plancyclus 18
 –, plannings- 24
 –, uitvoerings- 24

gedragsketen 113
gedragsmatig cognitieve benadering 138
geschiedenis van de zorg 32
gezinstherapeut 15
gezinsvervangend tehuis 47
Goffman, Erving 41
groepsbehandeling 12
groepsdynamica 87

handelingsdoel 124
handelingsplan 61, 88, 128
Hondsberg, de 38, 39
Hooi op je vork 76
hospitalisatie 43
hulpverleningsplan 60
hulpvraag 67
hypothese 75, 87
 –, richtinggevende 88
 –, toetsende 88

ijskastmoeder 38
individueel-psychologisch niveau 83
inductief onderzoek 88
instellingsdoel 67
instellingsmethodiek 67
integratie 49
interdisciplinair overleg 16
intersubjectiviteit 65
inzichtgevende verklaring 21

jeugdhulpverlening 17
jeugdpsychiatrie 144

Kanner, Leo 38
ketenzorg 58
kinderbescherming 34
kinderdagverblijf, medisch 83
kindertehuis 34
krankzinnigengesticht 37

leefklimaat 87
leefplan 60
leerpsychologie 86
leerstijl 22
levensfase 78, 85
logeerhuis 124

maatschappelijke context 32
maatschappelijke opvang 43
mantelzorger 58
medicijnen in de psychiatrie 37
medisch kinderdagverblijf 83
medisch onderzoek 83
medisch-biologisch niveau 82
medische diagnose 84
methode 138, 139
 –, kwalitatieve onderzoeks- 110
 –, kwantitatieve onderzoeks- 110
methodiek 138, 139
 –, agogische basis- 138

–, instellings- 67
mortificatie 42
Muller, Carel 45

nature versus nurture 51
niet-aangeboren hersenletsel 76
normalisatie 47
normen en waarden 123

observatie
 –, beschrijvende 110
 –, participerende 109
observatiedoel 95
observatieprotocol 111
observatieverslag, diagnostisch 99
observatievraag 95, 97
ondersteuningsplan 60, 70
onderzoek
 –, betrouwbaarheid 116
 –, deductief 88
 –, diagnostisch 64, 88, 91
 –, effect- 140
 –, evidence based 140
 –, geldigheid 116, 117
 –, inductief 88
 –, medisch 83
 –, practice based evidence 141
 –, praktijk- 139
 –, psychiatrisch 92
 –, psychodiagnostisch 91
 –, wetenschappelijk 20
onderzoeksfase 73
onderzoeksmethode
 –, kwalitatieve 110
 –, kwantitatieve 110
ontwikkelingsachterstand 83
ontwikkelingsfase 85
ontwikkelingspsychologie 28
operationaliseren 98
organische stoornis 83
oriënterende fase 23
orthopedagogie 86
oudervereniging 38

participerende observatie 109
pedagogie 28, 86
persoonsgebonden budget 58
persoonswaarneming 65
plancyclus 18
planningsfase 24
pleegzorg 34

practice based evidence 141
praktijkonderzoek 139
praktijktheoretische kennis 137
probleemdefinitie 72, 75
problematiseren 68
professionalisering 22
 –, in de zorg 37
psychiatrisch onderzoek 92
psychiatrische diagnose 84
psychiatrische patiënt 34, 35
psychiatrische ziektebeelden 84
psychodiagnostisch onderzoek 91
psychologie 86

reclassering 33
residentiële hulpverlening 22
residentiële instelling 69
richtinggevende hypothese 88
risicofactoren 92
rugzakje 58

schaalvergroting in de zorg 144
schizofrenie 52
seksualiteit 15, 54, 85
semiresidentiële instelling 69
sequentie 113
signaleren 63
SMART-model 125
sociaal niveau 83
sociaal systeem 92
socialisatie 32
specialist ouderengeneeskunde 92
subjectieve indruk 65
systeemtheorie 87

time sampling 112
toetsende hypothese 88
totale institutie 41

uitvoeringsfase 24

variabelen 97
Venema, Jolanda 47
verdunning 46
verklaring, inzichtgevende 21
vermaatschappelijking in de zorg 54
verpleeghuis 68
verslavingsproblematiek 12
verstandelijke beperking 17
verzorgingsstaat 38
videohometraining 94
visie van de instelling 67
vraaggericht werken 54
vraaggestuurde zorg 54
vrouwenbeweging 51

waarden en normen 123
wasritueel 147
werkplan 19, 133
Wet op de geneeskundige behandelingsovereenkomst (WGBO) 57
Wet maatschappelijke ondersteuning (WMO) 58
Wet zorg en dwang 57
wetenschappelijk onderzoek 20

zevensprong 18
ziekte van Alzheimer 68
zorgplan 60, 70
zorgprogrammering 57
zwakzinnige 45
Zweden 32